neukirchener

Die Dämmerung,
dieses Gemisch von Licht und Finsternis,
das euch jetzt noch umgibt,
ist nicht einbrechende Nacht,
sondern Anzeichen des kommenden Tages.
Hans Joachim Iwand

Für
Helmut Tacke

Christa Charlotte Lauther (Hg.)

Morgenröte der Verheißung

Texte zum Kirchenjahr von Hans Joachim Iwand

Neukirchener Verlag

Der Neukirchener Verlag dankt dem Verlag Vandenhoeck & Ruprecht (Göttingen) für die freundliche Erlaubnis, die Texte dieses Buches den beiden Bänden »Predigt-Meditationen« von Hans Joachim Iwand zu entnehmen.

Umschlaggestaltung: Klaus Detjen, Hamburg
Gesamtherstellung: Breklumer Druckerei Manfred Siegel KG
Printed in Germany
ISBN 3-7887-1359-3

CIP-Titelaufnahme der Deutschen Bibliothek

Iwand, Hans Joachim:
Morgenröte der Verheißung: Texte zum Kirchenjahr / von Hans Joachim Iwand. Christa Charlotte Lauther (Hg.). – Neukirchen-Vluyn: Neukirchener Verl., 1990
ISBN 3-7887-1359-3

Vorwort

»Welche Texte! Alles, was ich da lese, ist jung und bewegend wie selten sonst ein Text . . .«, schrieb Helmut Tacke, früher Direktor des Predigerseminars in Wuppertal-Elberfeld, als er das Weihnachtsgeschenk der Iwand-Texte in Händen hielt.

Es gab auch Empfänger der Texte, die anders reagierten, befremdet, fast ängstlich: »Hier wird der natürliche Mensch immer erst durchgestrichen.« – Es ist wahr, er wird aufgehoben »in Christus«, aber in dem doppelten Sinn, daß er, aufgehoben, geborgen in der Bundesgeschichte Gottes, nun ohne Angst sich aussprechen kann mit allem, was in ihm lebt.

Auch waren manche zurückhaltend wegen der auf den ersten Blick theologisch-dogmatischen Sprache der Texte. – Was mich an Iwand fasziniert, ist, daß er die biblischen Texte aufnimmt in der Haltung äußerster Demut, gleich den Frauen am Ostermorgen*. Er möchte nur »hören«, doch ohne selbst zu verstummen; er hört als Mensch unserer Zeit mit allen Fragen und Ängsten, die dies einschließt. Und es fasziniert mich, wie die großen Worte der Reformatoren, das »für uns«, das »in Christus«, die »Rechtfertigung des Gottlosen«, neu zu leuchten beginnen: Sie erleuchten die biblischen Texte, und sie erleuchten unsere Existenz.

Nichts wird geglättet, so daß es angenehmer zu hören und leichter zu verstehen wäre. Aber nichts wird auch einfach formelhaft nachgesprochen; immer ist zu spüren, wie ein Mensch der Tradition begegnet ist und wie ihn diese Begegnung zu leidenschaftlichem Denken und Handeln bewegt hat.

Mir hat Helmut Tacke während gemeinsamer Lektüre das Verständnis Hans Joachim Iwands erschlossen. Durch ihn wurde mir auch der Horizont all dieser Texte bewußt, auf den Titel und Motto des Buches hinweisen: der Horizont der Verheißung.**

* Vergleiche den Text zum Ostersonntag (S. 56).

** Vgl. *H. Tacke*, »Verheißung« in den Predigtmeditationen Hans Joachim Iwands, in: *Ders.*, Mit den Müden zur rechten Zeit zu reden. Beiträge zu einer bibelorientierten Seelsorge, Neukirchen-Vluyn 1989, S. 178ff.

Die ausgewählten Texte sind den Predigt-Meditationen entnommen, die Iwand als Kern seines theologischen Werkes betrachtet hat und die in zwei Bänden im Verlag Vandenhoeck & Ruprecht (Göttingen) zugänglich sind. Da zu fast allen Sonntagen des Kirchenjahres Meditationen vorliegen, bot es sich an, von daher die Auswahl zu bestimmen. Die Ausschnitte aus der jeweiligen Meditation können aber nicht entfernt deren Gedankenreichtum wiedergeben; ausgewählt und damit knapp angesprochen ist in der Regel nur ein Aspekt. Ich möchte deshalb mit der Auswahl aus den zunächst nicht so leicht zugänglichen Meditationen den Leser locken, selber weiterzulesen (denn es war oft schwer, den einen Text auszuwählen und damit auf einen anderen zu verzichten).

Der Titel des Buches stammt aus einem der großen Bilder Hans Joachim Iwands, und zwar aus den beiden Meditationen zum ersten Sonntag im Advent (Predigt-Meditationen. Zweite Folge).

Die Predigttexte sind so gekürzt worden, daß jeweils der Bezug zwischen Bibeltext und Ausschnitt aus der Meditation sichtbar wird. Die Absätze innerhalb der Ausschnitte wurden zur besseren Lesbarkeit unabhängig von der Vorlage frei bestimmt. Worterklärungen in eckigen Klammern und in den Fußnoten stammen von mir.

Zugrundegelegt ist in der Regel die revidierte Luther-Übersetzung von 1984; nur, wo es für das Verständnis der Texte Iwands notwendig war, ist in einigen Wendungen auf die von ihm benutzte Fassung zurückgegriffen worden.

Dem Verlag danke ich für die Drucklegung, insbesondere Herrn Dr. Christian Bartsch für die sehr freundliche und sorgfältige Begleitung bei der Vorbereitung des Drucks. Ferner danke ich Herrn Peter Bukowski für die Vermittlung des Vorhabens an den Verlag.

Christa Charlotte Lauther

Inhalt

Vorwort 5

1. Sonntag im Advent 9
2. Sonntag im Advent 10
3. Sonntag im Advent 12
4. Sonntag im Advent 13
Heiligabend 14
1. Weihnachtstag 15
2. Weihnachtstag 17
Sonntag nach Weihnachten 19
Silvester 20
Neujahr 23
Sonntag nach Neujahr 24
Epiphanias 25
1. Sonntag nach Epiphanias 27
2. Sonntag nach Epiphanias 29
3. Sonntag nach Epiphanias 31
4. Sonntag nach Epiphanias 33
5. Sonntag nach Epiphanias 34
Letzter Sonntag nach Epiphanias 36
Septuagesimä 37
Sexagesimä 39
Estomihi 41
Invokavit 43
Reminiszere 44
Okuli 45
Lätare 47
Judika 49
Palmsonntag 52
Gründonnerstag 53
Karfreitag 54
Ostersonntag 56
Ostermontag 57
Quasimodogeniti 59
Miserikordias Domini 61

Jubilate 63
Kantate 65
Rogate 67
Himmelfahrt 70
Exaudi 72
Pfingstsonntag 74
Pfingstmontag 76
Trinitatis 78
1. Sonntag nach Trinitatis 80
2. Sonntag nach Trinitatis 81
3. Sonntag nach Trinitatis 82
4. Sonntag nach Trinitatis 85
5. Sonntag nach Trinitatis 86
6. Sonntag nach Trinitatis 88
7. Sonntag nach Trinitatis 90
8. Sonntag nach Trinitatis 91
9. Sonntag nach Trinitatis 93
10. Sonntag nach Trinitatis 95
11. Sonntag nach Trinitatis 96
12. Sonntag nach Trinitatis 97
13. Sonntag nach Trinitatis 100
14. Sonntag nach Trinitatis 101
15. Sonntag nach Trinitatis 103
16. Sonntag nach Trinitatis 105
17. Sonntag nach Trinitatis 107
18. Sonntag nach Trinitatis 109
19. Sonntag nach Trinitatis 110
20. Sonntag nach Trinitatis 112
21. Sonntag nach Trinitatis 114
22. Sonntag nach Trinitatis 116
23. Sonntag nach Trinitatis 117
24. Sonntag nach Trinitatis 118
25. Sonntag nach Trinitatis 120
Vorletzter Sonntag nach Trinitatis
(Volkstrauertag) 122
Letzter Sonntag nach Trinitatis
(Totensonntag) 124
Reformationstag 126
Buß- und Bettag 127

1. Sonntag im Advent

Gnade sei mit euch und Friede von dem, der da ist und der da war und der da kommt.
Offenbarung 1,4

Es sind ganz seltsame Worte, mit denen Johannes die Gemeinde in Asien grüßt... Wir wissen ja ..., was dann folgt. Wir wissen, was unser wartet, wenn der Vorhang zurückgenommen wird, der noch die Fülle der Gesichte verbirgt, die über die Welt ergehen werden. Wir wissen, was diese Gemeinden, zu denen hier geredet wird, werden durchmachen müssen...

Muß nicht die Gemeinde ... zuallererst unterscheiden lernen zwischen dem, der »da ist und war und kommt«, der also der sich Gleichbleibende ist im Wechsel der Zeiten, und allem anderen, was nicht bleibt, was mit diesem Himmel und dieser Erde sein Ende haben wird...?

Alles, was wir Geschichte nennen, sei es die Geschichte unseres kleinen Lebens, sei es die aufregende und qualvolle Epoche, die wir gerade in unserem Kontinent durchschreiten, oder sei es die Menschheitsgeschichte mit ihrem dunklen Anfang und auch ganz gewiß nicht hellen Ende – alles steht in dieser Klammer. Gott ist A und O, Gott hat das erste Wort gesprochen, und er wird das letzte sprechen... Nur dann, wenn wir das wissen und glauben, werden wir uns so grüßen lassen können, wie es hier geschieht: »Gnade sei mit euch und Friede von dem, der da ist und der da war und der da kommt.«

I, 105.106

2. Sonntag im Advent

Und als er auf dem Ölberg saß, traten seine Jünger zu ihm und sprachen, als sie allein waren: Sage uns, ... was wird das Zeichen sein für dein Kommen und für das Ende der Welt? Jesus aber antwortete und sprach zu ihnen: Seht zu, daß euch nicht jemand verführe... Ihr werdet hören von Kriegen und Kriegsgeschrei; seht zu und erschreckt nicht. Denn das muß so geschehen; aber es ist noch nicht das Ende da... Wer aber beharrt bis ans Ende, der wird selig werden.
Matthäus 24,3.4.6.13

Die Welt wird nicht durch die Gottesherrschaft verwandelt und erneuert werden, es sei denn durch *Gericht* und *Feuer*! Wie unser irdischer Leib vergehen muß, um in der Auferstehung neu und rein hervorzugehen, so muß auch die Welt ein Ende haben, damit das »obere Jerusalem« herabkommen kann und der neue Himmel und die neue Erde möglich werden. Fleisch und Blut können nun einmal das Gottesreich nicht erben. Das ist die *Grenze*, die respektiert werden muß. Nur wer sein Auge daran gewöhnt, durch den Untergang der Welt hindurch das Kommen der Welt Gottes, die in Jesus da ist, zu sehen und zu hoffen, hat jene Festigkeit des *Glaubens* gewonnen, der ausharrt bis ans Ende... Es ist also eine *Übung* des *Glaubens*, die hier von uns verlangt wird. Es ist die *Einübung* in der großen Kunst des Glaubens, Himmel und Erde sinken zu sehen und allein an die *Worte Jesu* sich zu halten als das Fundament unseres zeitlichen und ewigen Lebens...

Die Gefahr solcher Zeiten ist, daß die Warum-Frage in den Glaubenden erwacht und sie sich zerreiben an diesem »Qua re?« [Warum?]. Die Frage: »Wie kann Gott das zulassen?« sollten wir darum a limine [von vorneherein] abweisen und nicht den ungehorsamen Versuch machen, sie zu beantworten... Es kommt darauf an, daß wir nicht fragen, sondern glauben. Ohne zu fragen, warum und woher eine Welle der Anfechtung nach der anderen über unser Haupt geht, sollten wir wissen, daß es so sein *muß*. Dann werden wir erhobenen Hauptes, als eine schwergeprüfte, aber nicht gebrochene Schar dem Tag des wiederkommenden Herrn, dem großen Ruhetag, entgegengehen.

I, 286.288

3. Sonntag im Advent

Und dem Engel der Gemeinde in Philadelphia schreibe: ... Siehe, ich habe vor dir eine Tür aufgetan, und niemand kann sie zuschließen; denn du hast eine kleine Kraft und hast mein Wort bewahrt und hast meinen Namen nicht verleugnet... Weil du mein Wort von der Geduld bewahrt hast, will auch ich dich bewahren vor der Stunde der Versuchung, die kommen wird über den ganzen Weltkreis, zu versuchen, die auf Erden wohnen. Siehe, ich komme bald; halte, was du hast, daß niemand deine Krone nehme!
Offenbarung 3,7.8.10.11

Die Illusion, als ob die Weltgerichte die Menschheit wandeln und läutern könnten, teilt das letzte Buch der Bibel nicht. Wenn wir es fragen, worin denn die Wandlung und das Heil liegt, dann antwortet es eigentlich immer das gleiche: Preis und Ehre gilt allein dem, »der uns geliebt hat und erlöst hat von unseren Sünden in seinem Blute« (1,5) ...

Die Gemeinde, die mitten in den Anfechtungen, die über die Welt kommen, dem Wort ihres Herrn bei sich eine Herberge gibt und dieses Wort zu ihres Fußes *Leuchte* macht, hat ebendarin auch die große Verheißung eines wunderbaren Bewahrtwerdens. Indem wir das *Wort* bewahren, werden wir selbst bewahrt. Und zwar bewahrt »auf den Tag Jesu Christi«, auf sein »Kommen«... »Halte, was du hast.«

I, 110.111.114

4. Sonntag im Advent

Freuet euch in dem Herrn allewege, und abermals sage ich: Freuet euch! . . . Der Herr ist nahe! Sorgt euch um nichts!
Philipper 4,4.5.6

Der Imperativ bekommt sein sachliches, allem unserem Fühlen und Empfinden überlegenes Recht durch den ihn begründenden, Glauben heischenden Indikativ: Der Herr ist nahe! Es ist, wie wenn jemand alle Türen aufrisse, hinter denen wir in Angst und Furcht sitzen, und uns zuriefe: Freuet euch, der Sieger steht vor der Tür. . .

Die Wechselfälle des so ungewissen irdischen Daseins mit allem, was es uns bringt und nimmt, sind bezogen auf eine nicht mehr schwankende, eine in *Tod* und *Leben* gewisse Mitte: daß der Herr *nahe* ist und darum der Tod seinen Stachel und die Hölle ihren Sieg verloren hat. . . Was aber ist gemeint mit der Nähe Gottes? Alles, was in dem Satze liegt »der Herr ist nahe«, ist mit dem einen Namen *Jesus* gesagt. Also nicht nur, daß er kommt, sondern auch, daß er gekommen ist! Und nicht nur, daß er gekommen ist, sondern daß er wiederkommen wird und daß es darum keine unendliche Zeit und keine unendliche Qual und Not in dieser Zeit und kein endloses Toben der Bösen und kein endloses Leiden der Unschuldigen gibt! Der Herr ist *nahe*, das ist wahr sowohl von gestern wie von morgen her, und ebendamit faßt es unser Heute ein und relativiert alle seine Sorge! Nichts ist so nahe, Gott ist noch näher.

I, 248.249

Heiligabend

Maria aber sprach: Siehe, ich bin des Herren Magd; mir geschehe, wie du gesagt hast.
Lukas 1,38

Maria ... steht an einem Punkt, an den jeder von uns zu stehen kommt, wenn ihm die Verheißung Gottes begegnet...

Hier wird kein Mensch vergottet, im Gegenteil, Maria bleibt ganz und gar in den Grenzen des Menschlichen, des ganz und gar Gott Ergebenen. Hier wird keine Grenze verwischt, hier wird das Gegenüber von Gott und Mensch nicht aufgehoben, sondern gerade in letzter, tiefster Demut festgehalten: »Ich bin des Herren Magd.« Mehr nicht! Gehorsam und Glaube sind das Letzte, was von dieser Seite her – von der Seite des Menschen her – als Echo auf die Botschaft, auf diese alles Denken und Begreifen übersteigende Kunde laut wird. Das ist Maria, das ist der erste Mensch, dem das Wunder der Heiligen Nacht widerfahren ist – das ist die wahre Kirche, die dabei bleibt: Ich bin des Herren Magd, mir geschehe nach Deinem Wort!

I, 203.206.207

1. Weihnachtstag

Denn es ist erschienen die heilsame Gnade Gottes allen Menschen und nimmt uns in Zucht, daß wir absagen dem ungöttlichen Wesen und den weltlichen Begierden und besonnen, gerecht und fromm in dieser Welt leben und warten auf die selige Hoffnung und Erscheinung der Herrlichkeit des großen Gottes und unseres Heilandes Jesus Christus.
Titus 2,11–13

Es ist von zwei Erscheinungen die Rede, von der Erscheinung der Gnade, die bereits geschehen ist, und von der Erscheinung der Herrlichkeit, die noch aussteht, auf die hin aber alle, die von jener Erscheinung der Gnade herkommen, ausgerichtet sind... Die Zeit, die zwischen beiden liegt, ist bestimmt durch ein *Noch* und ein *Schon*. Noch steht dieser Äon*, aber wir schauen schon über seine Grenze hinweg auf die Epiphanie** der Herrlichkeit, in der Jesus erscheinen wird als Gott und Retter.

In den Versen 12 und 13 steht beides hart und unverbunden nebeneinander. Es ist, als ob hier die Naht sichtbar würde zwischen den beiden Welten, der gegenwärtigen und der kommenden. Beide sind zusammengehalten durch den einen Bogen der Offenbarung Gottes. Das Licht, das in diesem Äon aufleuchtete, ist die Ankündigung jenes Glanzes, in dem die Welt am Ende der Tage stehen wird. Allein von hier aus, von diesem geheimen Zusammenhang der beiden Epiphanien, wird verständlich, was unser Text über die Zucht der Gnade sagt. Denn es handelt sich bei diesen »ethischen Anweisungen« ganz gewiß nicht um eine Moralisierung des Christentums... Darin, daß wir uns von einem ganz bestimmten Leben, nämlich dem der Gottesferne und Weltverflochtenheit, abwenden und uns nach einem neuen Leben strecken, ge-

* Weltzeitraum
** Offenbarung, Erscheinung

ben wir der neuen Wirklichkeit recht, in die wir durch Gott gestellt sind: hinter uns die Erscheinung seiner Gnade, vor uns die seiner alles durchleuchtenden Herrlichkeit...

Christen sind also alles andere als schwärmerische Idealisten, die ihre unerfüllten Wünsche in ein Jenseits projizieren, sie sind in ihrer Gewißheit um das Ende dieses Äons nicht bestimmt durch die Verfallssymptome ihrer Zeit ..., sondern sie sind Menschen, die von dem Weihnachtswunder herkommen, die erleuchtet und erweckt sind durch jenes Licht, das da in die Welt gekommen ist. Sie sind getroffen von einem Ereignis, das »allen Menschen« widerfahren ist. Sie haben also die Situation dieses Äons besser verstanden als alle anderen, sie geben mit ihrer Haltung der Stunde, dem Jetzt und Heute Ausdruck, die von Gott her angebrochen ist, angebrochen gerade mit der Erscheinung des Sohnes auf Erden...

So möchte unser Text uns helfen, daß wir das Weihnachtsfest erleben als das Erscheinungsfest der Gnade Gottes über uns, daß wir selbst hier Fuß fassen, an diesem Punkt, wo Zeit und Ewigkeit aneinanderrühren, daß auch unsere Gottlosigkeit zerbricht, so wie sie – objektiv, von Gott her – ... zerbrochen ist... Denn unsere Lebenszeit ist jetzt umklammert von jenen beiden Epiphanien. Sie ist die Erziehungszeit der Gnade am Menschengeschlecht...

So also hängen Gnade und Leben zusammen, nicht wie Gabe und Aufgabe, sondern wie Zeit und Ewigkeit. Hier wird die Ewigkeit der Zeit mächtig. Vom Weihnachtswunder her leben, das hieße geradezu den Punkt außerhalb der Welt gefunden haben, von dem aus wir die Welt bewegen können.

II, 191.192.193.195

2. Weihnachtstag

Als aber erschien die Freundlichkeit und Menschenliebe Gottes, unseres Heilandes, machte er uns selig . . . durch das Bad der Wiedergeburt und Erneuerung im heiligen Geist, den er über uns reichlich ausgegossen hat durch Jesus Christus, unsern Heiland.
Titus 3,4.5.6

Die Menschlichkeit Gottes, die in der Geburt des Sohnes erschienen ist, und die Wiedergeburt des Menschen durch Taufe und Geistausgießung müssen unter einen Bogen zu stehen kommen. . .

Die Geburt des Sohnes ist die Stunde, da die »humanitas Dei« [Menschlichkeit Gottes] wie die strahlende Sonne über der Welt aufgeht und ihren Glanz ausbreitet über alles Fleisch. So wird diese Erscheinung Gottes in seiner Güte und Menschenfreundlichkeit zugleich die Geburtsstunde des *neuen Menschen.* Indem er sich so menschlich uns naht und zeigt, schafft er den Menschen um. Und wir dürfen geradezu . . . sagen: Gott hat uns wiedergeboren durch seine Erscheinung im Fleisch. Denn die Taufe, von der hier im Zusammenhang mit der Wiedergeburt die Rede ist, ist ja nichts anderes, als daß mein Leben in Beziehung gesetzt wird zu dem, was Gott in Christus getan hat. . .

Es war nicht nur damals so, sondern auch heute bewegt das Suchen nach dem *»neuen Menschen«* unsere Zeit. Man wird hier alles das mithören müssen, was an Sehnsucht und Hoffnung in diesem Wort heute aufklingt und die Welt in Atem hält. Das aber ist das entscheidende in der Botschaft des Christentums, daß hier die Wiedergeburt und Erneuerung des Menschen in einem Geschehen gefunden wird, das außerhalb des Menschen und seiner Möglichkeiten liegt. . . In Christo sein, also außerhalb seiner selbst leben, das heißt in Wahrheit ein neuer Mensch werden. . .

Jesus müssen wir uns dabei vor Augen halten, wie er geduldig, gütig, freundlich, fröhlich mit all den Menschen umgeht, die ihn suchen und brauchen. Wir müssen ihn sehen, wie ihn des Volkes jammert, wie er seine unverständigen und ungläubigen Jünger trägt und wie vor allem unter den Lästerungen und Verhöhnungen des Kreuzes diese seine Güte alle Grausamkeit der Menschen überstrahlt und der Vergebung des Vaters befiehlt. Nun aber ist dies nicht nur Jesu menschliche Art, sondern es ist *Gottes* Menschlichkeit, die hier aufleuchtet.

II, 198.199.200

Sonntag nach Weihnachten

Und das ist die Botschaft, die wir von ihm gehört haben und euch verkündigen: Gott ist Licht, und in ihm ist keine Finsternis. 1. Johannes 1,5

Sagen wir nicht oft – oder denken es wenigstens, zumal in den Stunden der Anfechtung: Aber Finsternis ist auch in ihm! . . .

Die Dialektik der Vernunft, die das Spiel von Licht und Finsternis bei Gott selbst anheben läßt, kennt jedermann und macht jedermann mit. . . Darum müssen wir sie an diesem Satz: »Gott ist Licht« zerschellen lassen, um uns an ihn deutungslos zu klammern. Mag es tausendmal anders scheinen, mag Finsternis das Erdreich bedecken und Dunkel die Völker, Gott hört nicht auf, Licht zu sein, und von Finsternis ist keine Spur in ihm. . .

Wir wissen, welche geschichtlich gestaltende Macht die Finsternis hat und haben kann, wie sie zur Luft und Atmosphäre des öffentlichen Lebens werden und sogar den Bestand der guten Schöpfung Gottes gefährden kann, und wir wissen zugleich, wie schwer es ist, sie praktisch zu negieren. Aber in Wahrheit gibt es nicht zwei Welten, eine des Lichtes und eine der Finsternis, eine Welt Gottes und eine andere, der entgegengesetzte, die Welt des Menschen oder gar des Teufels, sondern es gibt nur eine Schöpfung, nur eine Menschheit und nur einen Gott.

I, 669.671

Silvester

Wenn wir sagen, daß wir Gemeinschaft mit ihm haben, und wandeln in der Finsternis, so lügen wir und tun nicht die Wahrheit. Wenn wir aber im Licht wandeln, wie er im Licht ist, so haben wir Gemeinschaft untereinander, und das Blut Jesu, seines Sohnes, macht uns rein von aller Sünde. Wenn wir sagen, wir haben keine Sünde, so betrügen wir uns selbst, und die Wahrheit ist nicht in uns.
1. Johannes 1,6–8

Es ist der »Mensch der Lüge« (Barth), der uns hier zu Gesicht kommt. Dieser Mensch kann beides. Er behauptet, Gemeinschaft mit Gott zu haben, und wandelt doch so, daß sein Tun und Lassen der Finsternis recht gibt! Wir kennen ja die Reden und Ansichten dieses »Menschen der Lüge«. Sie sind schrecklich, zumal, wenn sie sich innerhalb der Gemeinschaft mit Gott breitmachen. Danach ist der Mensch »aus Gemeinem gemacht« und das Böse unüberwindlich in der Welt, da gibt es keinen Fortschritt und keine Besserung, bis zum Untergang dieses Äons, da bleibt der Gelähmte liegen und niemand sagt zu ihm: »Stehe auf, nimm dein Bett und wandle.« Sündenvergebung bleibt ein leeres Wort, zur Selbstberuhigung gesagt und auf die private Existenz beschränkt. Man will nichts davon wissen, daß in Jesus Christus der Tod überwunden, die Sünde aufgehoben ist und wir auf der Seite der Gerechtigkeit und des Lebens stehen, gerüstet zum Kampf gegen all das, was uns eben noch umgab und gefangenhielt. Im Wandel derer, die Gemeinschaft mit Gott haben, weicht die Finsternis. Es muß an ihnen und durch sie offenbar werden, daß sie nichts ist! . . .

Um der Freude willen schreibt Johannes an die Gemeinde (V. 4). . . Es ist möglich, im »Licht zu wandeln, wie er selbst – d.h. Gott – im Lichte ist«. Daß das möglich ist, ist die frohe Botschaft. Es ist möglich, sagt unser Wort, daß wir armen, elenden, von den Wellen des Meeres herumgeworfenen, von Furcht und Hoffnung hin- und hergerissenen Menschen dennoch die in Gott gefallene Entscheidung in unserem Wandel bezeugen können! Daß auch wir das Licht wählen und die Finsternis verwerfen! Daß auch wir das Licht, das Gott selber ist, zum Licht auf unserem Wege machen, neben dem die Finsternis, die furchtbare Mächtigkeit des Nichtigen, nur noch als Abgrund, als Nacht, als Versuchung und Entsetzen in Frage kommt, neben dem sie keine Möglichkeit unserer in Gemeinschaft mit Gott gelebten menschlichen Existenz mehr bildet, sondern eine krasse Unmöglichkeit wie der Tod, wenn er neben das Leben tritt, wie der Haß, wenn er der Liebe begegnet, wie das Chaos, wenn es seinen Rachen auftut, mitten in der guten Schöpfung Gottes. Wir werden allen denen absagen müssen, die Licht und Finsternis als zwei Möglichkeiten des Menschen ansehen, die uns bald der einen, bald der anderen zugewandt sehen, die nichts wissen wollen von der Unvergleichlichkeit dieser beiden Größen, die in Gott ihren Grund hat. Die Finsternis – das ist jene furchtbare Macht, der gegenüber wir nur schreien können: Errette uns vor dem Bösen! . . .

Sündlos sind offensichtlich diese Menschen, die im Lichte wandeln, nicht. Sündlosigkeit ist nicht die Bedingung und der Ausdruck dieser Entscheidung. Niemand soll meinen, sündige, fehlsame und schwache Menschen könnten nicht im Lichte wandeln. . . Dieses Licht, in dem sich Gott selbst unter uns gezeigt hat, ist nicht von der Art des »Naturlichtes«, das unseren Moralbegriffen zugrunde liegt, vor dem wir uns verstecken, weil wir uns schämen. Sondern das Licht, in dem Gott unser Gott ist, ist ein anderes, ein allen Schwachen und Verirrten leuchtendes, sie zu sich einladendes Licht. . . Unsere Sünde liegt nicht in der Vergangenheit. Wir haben sie! Der Satz: »Wir haben keine Sünde« im Munde der in Christus Erlösten ist »Verführung«, ist jener geistliche Grundirrtum, der ein Wohnen der Wahrheit in uns nicht zuläßt. . .

Der erste wahre Satz, den der im Licht wandelnde Mensch sagt, der erste Schrei des »neuen Menschen«, der der Finsternis entronnen ist, ist das Bekenntnis seiner Schuld. Der Satz, daß wir Sünder sind, ist die erste wahre

Aussage, die ein Mensch, der ins Licht Gottes tritt, macht. . . Das Geheimnis des Menschen bleibt so lange verschlossen, bis sich der Mund des neuen Menschen in Jesus Christus öffnet (vgl. Röm 7) und sagt, wer ich bin! Damit hört der Mensch, der wir sind, auf, ein Existenzrecht vor Gott zu haben. Das Sündenbekenntnis ist der Todesschrei des alten Menschen.

I, 671.672.673.674 (aus der Meditation zum Sonntag nach Weihnachten)

Neujahr

Ihr alle, die ihr auf Christus getauft seid, habt Christus angezogen. Hier ist nicht Jude noch Grieche, hier ist nicht Sklave noch Freier, hier ist nicht Mann noch Frau; denn ihr seid allesamt einer in Christus Jesus.
Galater 3,27.28

In der Taufe kommt zum Ausdruck, daß nicht unsere Existenz ..., sondern das Dasein Christi für uns die *Norm* unseres Lebens ist. Unsere Sohnschaft haben wir eben nicht immanent in uns (wie wir unsere Knechtschaft greifbar und fühlbar in uns haben), sondern wir haben sie »*extra nos i.e. in Christo*« [außerhalb unser selbst, d.h. in Christus] (Luther). Daß wir sie nicht in uns, in den Kategorien dieser Weltzeit faßbar haben, zeigt sich daran, daß für den neuen Menschen, der aus dem Geist der Kindschaft lebt, alle religiösen (Jude oder Grieche), politischen bzw. gesellschaftlichen (Sklave oder Freigeborener) und sogar die geschlechtlichen Bestimmungen (Mann oder Frau) hinfällig werden und wirklich ein καινὸς ἄνθρωπος [*kainos anthropos* / neuer Mensch] in Jesus Christus auf den Plan getreten ist, der die *Einheit* unseres geistlichen Lebens bildet.

I, 484

Sonntag nach Neujahr

Ich bin in die Welt gekommen als ein Licht, damit, wer an mich glaubt, nicht in der Finsternis bleibe... Denn ich habe nicht aus mir selbst geredet, sondern der Vater, der mich gesandt hat, der hat mir ein Gebot gegeben, was ich tun und reden soll. Und ich weiß: Sein Gebot ist das ewige Leben.
Johannes 12,46.49.50

Subjekt dieses Redens ist Gott. So schon bei den Propheten, denen Gott sein Wort in den Mund legt. Aber Christus *ist* das Wort, er bürgt mit seinem »Sein«, daß sein Reden Gottes Reden ist. Und zwar darum, weil er im Gehorsam gegen Gott redet. Er ist nicht lediglich Transparent göttlicher Worte, dann wäre unser Glaube nicht auf dieses »Ich bin«, »Ich aber sage euch« bezogen... Dieses »Ich« und dieser »Gehorsam« ist ohne jede Analogie. Was für unsere Existenz die Speise ist, das ist für seine Existenz das »Tun des Willens dessen, der ihn gesandt hat« (Joh 4,34). Sein Amt ist seine Existenz. Er würde aufhören zu sein, der er ist, wenn er nicht Mund, Hand, Offenbarung Gottes wäre. In seinem Dasein erfüllt sich der Wille des Vaters...

Die Erkenntnis des Willens Gottes in Jesus Christus, und zwar in ihm allein, so daß wir wissen, dies ist das Licht – und alles andere ist demgegenüber Finsternis –, ist das Leben. Wer beides, Gott und Christus, auseinanderreißt, bringt sich und die Welt um das Leben.

I, 56

Epiphanias

Wenn wir im Licht wandeln, wie er im Licht ist, so haben wir Gemeinschaft untereinander, und das Blut Jesu, seines Sohnes, macht uns rein von aller Sünde. Wenn wir sagen, wir haben keine Sünde, so betrügen wir uns selbst, und die Wahrheit ist nicht in uns.
1. Johannes 1,7.8

Was in diesen wenigen Versen gesagt ist, umfaßt ... das Zentrum des ganzen christlichen Lebens... Denn eben dieses Leben ... wird hier auf seine *Wahrheit* bzw. auf seine *Lüge* hin untersucht. Und das ist nun das Erstaunliche und aller gesetzlichen Frömmigkeit streng Entgegengesetzte, daß nicht von einer einfachen Adäquatheit zwischen Glaube und Werk geredet wird, es wird nicht gesagt: Die Christen müßten Tatchristen sein ..., sondern es wird etwas unendlich Tröstlicheres, etwas wirklich Hilfreiches und Befreiendes gesagt: daß wir so lange in der Finsternis leben und uns so lange selbst belügen, als wir »sagen, daß wir keine Sünde haben«. Und – noch erstaunlicher vielleicht – die »Gemeinschaft miteinander« wird gerade *dadurch* konstituiert, daß wir nicht aus uns selbst heraus gerecht und heilig sind. Nicht durch das, was wir sind, sondern durch das, was wir *nicht* sind, konstituiert sich diese Gemeinschaft. »Als die nichts Habenden«! »Als die Armen im Geiste« werden wir die rechte Sprache finden, die uns in der Liebe zusammenschließt, als Menschen, die in der *Wahrheit* Gottes wandeln und ihre eigene Blöße darum nicht verdecken...

Die »bekannte«, also in das Licht der Vergebung Gottes gerückte Sünde wird *eins* deutlich machen: daß Gott gnädig ist! Daß seine Barmherzigkeit kein Ende hat! Sie wird nun dazu *dienen* müssen, Gott und seine unwandelbare Gnade herauszustellen. Und nicht nur in der Heimlichkeit unseres »privaten« Daseins, sondern so, daß daraus

Gemeinschaft erwächst – ein Offensein füreinander, das neu ist und das die nicht kennen, die in sich selbst gerecht sind – eine neue Sprache, die den Menschen wieder erreicht, gerade in seiner Armut, in seiner Schuld und in seiner abgrundtiefen Verlorenheit – eine Kraft der Liebe, die den anderen nicht mehr bedeckt und befleckt sieht von seiner Schuld, sondern umflossen von diesem Lichte, das sich wie ein Kleid der Gnade über alle und über alles legt, was zuvor einsame und feindselige Menschen aus uns machte. Daraus also, daß wir dem *Lichte* entgegengehen, wir, die wir »im Finstern wandeln« (Jes 9,1), wird die Gemeinschaft geboren, die communio sanctorum [Gemeinschaft der Heiligen] heißt.

I, 335.337

1. Sonntag nach Epiphanias

Und das ist die Botschaft, die wir von ihm gehört haben und euch verkündigen: Gott ist Licht, und in ihm ist keine Finsternis.
1. Johannes 1,5

Nehmen wir ein Gleichnis, um deutlich zu machen, was mit V. 5 gesagt ist: Denken wir an die Umkehr des verlorenen Sohnes. Er kann nicht mehr glauben, daß er wieder Sohn sein wird. Er kann nur noch hoffen, ein Tagelöhner seines Vaters zu werden. Schließlich, so meint er, muß ja der Vater auf das, was zwischen ihm und seinem Sohn geschehen ist, reagieren. Seine Geschichte, die Geschichte seiner Abwege und Umwege, muß einen tiefen Schatten über das Angesicht des Vaters legen. Es kann nicht mehr so licht und klar und frei sein, wie es im Anfang war. Wir alle können nicht anders denken. Das ist menschlich gedacht. Legt nicht zwischen uns alle die Schuld, der Verrat, das Böse, was wir widereinander getan haben, solche tiefen, schweren Schatten?

Dagegen sagt unser Text: Die Botschaft Jesu ist das *eine,* in seinem Opfertod bezeugte Evangelium, daß Gott *Licht* ist. Daß kein Schatten aus unserem Wandel auf seinem Angesicht zu entdecken ist. Daß wir durch alle falschen Vorstellungen und Bilder der Angst durchbrechen müssen, bis wir wieder – durch keine Sünde geschieden – ihn sehen, ihn als unseren Vater, weil er der Vater Jesu Christi ist.

Das Blut Jesu hebt also die Scheidewand auf, die zwischen Gott und uns steht. Es reinigt uns von aller Sünde! Es stellt uns in das helle, klare und reine Licht seiner Gerechtigkeit. Was in uns Wirklichkeit ist, ist in ihm nicht mehr unsere Wirklichkeit. Das Licht, das wir in uns zu tragen meinen, ist ein schillerndes, flackerndes Licht. Seine Lichtseiten sind untrennbar von seinen Schattenseiten. Wir lieben aneinander die »positiven« Eigenschaften und erschrecken vor den »negativen«. Aber das Licht, das Gott selbst ist – der in Jesus Christus offenbare Gott –, flackert nicht, es ist nicht bald Gnade und bald Zorn, bald hell und bald verfinstert. Auch sein Zorn ist Gnade, und »Finsternis ist nicht finster bei dir« (Ps 139,12). Alles, was Nacht ist, ist nicht Gott, ist nur Aufruf, Mahnung, Übung, auch darüber und darin das Licht aufgehen zu lassen, das Gott ist.

Es bedeutet schon viel (wenn nicht alles), wenn wir immer und allezeit, theoretisch (in unserer Theologie!) und praktisch (in unseren Anti- und Sympathien) daran festhalten, daß Finsternis = »nicht Gott« ist! Sie muß weichen, wenn *Er* sich vernehmen läßt. Und gerade in der tiefsten Nacht und in der scheinbar endgültigen Gottlosigkeit, im *Tode Jesu*, hat sich dieser Glaube bewährt. Denn hier *ist* die Sünde vergeben, hier *sind* wir rein gewaschen von *allen* Sünden.

I, 335.336 (aus der Meditation zu Epiphanias)

2. Sonntag nach Epiphanias

Der natürliche Mensch aber vernimmt nichts vom Geist Gottes; es ist ihm eine Torheit. . . Der geistliche Mensch aber beurteilt alles und wird doch selber von niemandem beurteilt.
1. Korinther 2,14.15

Zwischen dem Geistesmenschen und dem psychischen Menschen hat Gott eine Wand gezogen, die, Gott sei Dank, niemand durchbrechen kann. . .

Wäre es so, daß du nach deinem Bei-dir-selber-Sein ein Urteil hättest über das, was der Geist sagt und tut, wo blieben wir dann? Welcher Mensch versteht sein eigen Kreuz und Leid? Wer weiß die Sprache, das »Seufzen« des Geistes zu deuten? Unser seelischer Mensch empfindet ja nur den Abbau, empfindet Dürre und Trostlosigkeit in den Zeiten der Heimsuchung Gottes, bekommt die Gottverlassenheit in seinen Anfechtungen und Leiden zu schmecken. Aber wer will sagen, was das vor *Gott*, in der Erziehung seines *Geistes* bedeutet? Das kann nur der Geist selbst tun. Er kann trösten. Er hilft uns das »Abba [Lieber Vater] schreien«, er durchbricht unser Stummsein im Gebet, er reicht dem Verlassenen den Becher der Erquickung, er macht den Sünder getrost, er wandelt Schwachheit in Kraft. Er ist der *Schaffende*.

Der Mensch aus seiner psychischen Situation gesehen ist der so oder so vorfindliche. Er lebt aus dem, was er ist. Aus seinen Möglichkeiten. Aber durch den Geist Gottes leben wir aus dem, was wir nicht sind. Durch ihn sind die Armen Erben der Gottesherrschaft, die Leidtragenden die, die reicher Trost erwartet, durch ihn werden die Hungrigen satt und erheben sich die zu Boden Geworfenen. Wer immer sich dem Geist Gottes, dieser seiner schaffenden und umschaffenden Gnade, unterstellt, der will sich und sein Leben nicht mehr begreifen, sondern er geht Wunderwege an der Hand dessen, der alles neu macht. Das nennt der Apostel Imitatio Christi [Nachahmung Christi] – aber nicht in dem Sinne eines moralischen, auch nicht im Sinne eines seelischen Prozesses, sondern vielmehr im Sinne des »Mir nach, spricht Christus, unser Held«.

I, 379

3. Sonntag nach Epiphanias

Jesus antwortete und sprach zu ihr: Wenn du erkenntest die Gabe Gottes und wer der ist, der zu dir sagt: Gib mir zu trinken!, du bätest ihn, und der gäbe dir lebendiges Wasser.
Johannes 4,10

Daß das Gespräch zum Ziel kommt, ist nicht das Verdienst der *beiden* Redenden, wie sonst im Leben, sondern einzig und allein Gnade. Mit Gott kann man nicht reden, wie man mit anderen Menschen redet. Und doch, wo es dazu kommt, bleibt nichts verborgen. Das Alltägliche wird beiseite geräumt, alle Auswege und Ausflüchte werden abgeschnitten. Das *Letzte* wird enthüllt, das *ganze* Leben, sein endgültiger *Sinn* und seine größte, uns in Jesus nahe gekommene *Möglichkeit*. Es ist etwas anderes, wenn der Mensch in sich mit der Lebensfrage konfrontiert wird (das ergibt die reflektierende Religiosität) – oder wenn, wie hier, diese Konfrontierung *extra nos* [außerhalb unser selbst] in Jesus Christus Ereignis wird, doch so, daß ich hier meinem Leben in seiner ewigen Möglichkeit begegne.

Ist es nicht so, als ob bei diesem Gespräch der auf dem Brunnenrand sitzende Mann wüchse, als ob seine Gestalt den Rahmen des Üblichen sprengte, den die Frau wahren möchte, um zu fassen, was nicht zu fassen ist – als ob sein »Ich«, das johanneische »Ich bin«, zur Mitte würde, zur geheimnisvollen, verheißungsvollen Mitte (zur Quelle V. 14), um die alles schwingt? Aus dieser Mitte kommt das *Wort*, weshalb es beides zugleich ist, Offenbarung *und* Gabe. Jesus begegnen heißt erkennen und nehmen in einem. Ohne Erkennen kein Nehmen und ohne die Bereitschaft, sich beschenken zu lassen, kein Erkennen. Wer glaubt, der hat! . . .

Dieses Gespräch, bei dem Gott der Partner ist und nicht etwa zwei Menschen sich »über« Gott unterhalten, ist die

Grundform, die Wurzel, die Mitte aller Verkündigung. Irgend etwas von dem, was hier geschieht, muß jeder Verkündigung zugrunde liegen. Das ist das Geheimnis der Predigt. . .

I, 290.291

4. Sonntag nach Epiphanias

Wer aber von dem Wasser trinken wird, das ich ihm gebe, den wird in Ewigkeit nicht dürsten, sondern das Wasser, das ich ihm geben werde, das wird in ihm eine Quelle des Wassers werden, das in das ewige Leben quillt.
Johannes 4,14

Die Geistbegabung verwandelt den Lebensdurst und die Begierde des Menschen in ein Sich-Verschenken und Ausströmen des Lebens. Das Wasser, das Christus gibt, erschließt in ihm eine »Quelle«, oder »schafft« sie geradezu, die nicht mehr versiegt. Jetzt soll von diesem Menschen Leben ausgehen, das wiederum für andere zur Erquickung innerhalb der Wüste dieser Welt wird. Es ist wohl nicht so, daß Jesus der Frau eine Gabe verheißt, durch welche lediglich ihr Lebensdurst gestillt wird. . . Liegt nicht vielmehr die Verheißung darin, daß in dem von der Gabe Christi Erquickten ein Quellen anhebt, welches Kräfte des ewigen Lebens in einem sterblichen und hinfälligen Wesen entspringen läßt?

I, 292.293 (aus der Meditation zum 3. Sonntag nach Epiphanias)

5. Sonntag nach Epiphanias

Es kamen einige, die sprachen zu ihm: Warum fasten die Jünger des Johannes und die Jünger der Pharisäer, und deine Jünger fasten nicht? Und Jesus sprach zu ihnen: Wie können die Hochzeitsgäste fasten, während der Bräutigam bei ihnen ist? Solange der Bräutigam bei ihnen ist, können sie nicht fasten. Es wird aber die Zeit kommen, daß der Bräutigam von ihnen genommen wird; dann werden sie fasten, an jenem Tage.
Markus 2,18–20

Das Nicht-Fasten meiner Jünger, sagt Jesus, diese ihre scheinbare Weltförmigkeit ist höchste eschatologische Wirklichkeit*. »Können etwa die Hochzeitsgesellen, solange der Bräutigam bei ihnen ist, fasten?« Das »μετ᾽ αὐτῶν« [*met' autōn*/bei ihnen] ist nichts anderes als das alttestamentliche Immanuel! Als erfüllte Verheißung...

Es geht darum, daß die Haltung der Jünger Jesu *das* widerspiegelt, was uns allen Gott mit der Gegenwart Jesu getan hat. Sie leben aus der großen *Freude,* daß Gott mit uns ist, sie stehen dank der Gegenwart des »Bräutigams« dort, wo die Welt des Todes und der Sünde ihre endgültige, letzte *Grenze* gefunden hat. Sie stehen *jenseits* dieser Todeswelt, nicht weil sie aus der Welt herausgetreten sind, sondern weil der »Bräutigam« in ihrer Mitte ist. Sie haben eine Umkehr eigener Art vollzogen, nicht aus eigener Kraft... Ihre Umkehr ist Freude. Sie ist Antwort auf die Hinkehr Gottes zu ihnen...

Aber Jesus ... weist auch hin auf den dunklen Rand, der sich um dieses helle »Heute« legt... Jesus weiß, in was für eine Anfechtung die Seinen geraten werden, eben *weil* sie die Seinen sind, weil sie durch die Nähe und Gegenwart Gottes ausgezeichnet sind. Er weiß um die Anfechtung der Gottverlassenheit und Gottesferne, die um seinetwillen ihrer wartet. Sie werden um seinetwillen das

* Wirklichkeit end-gültiger Erfüllung

»Gott ist tot« in seiner ganzen Tiefe auszukosten haben. Das werden die Fastentage der Seinen sein...

Es ... paßt in das Gesamtzeugnis des Neuen Testaments, wenn wir uns hier daran erinnern lassen, daß jedermann, der zum »Hochzeitsfeste« Jesu geladen ist, mit ihm »begraben ist in den Tod« (Röm 6,3). Als die Getauften sind damit die Seinen angesprochen. So bleibt seine Gegenwart immer indirekt, immer dem Glauben vorbehalten, immer so, daß es keine παρατήρησις [*parateresis*/Beobachtung] (Lk 17,20) in bezug auf die Gottesherrschaft gibt. Wir haben sie nicht in unserer Macht, sondern sie uns in der ihren.

I, 545.546 (aus der Meditation zum 2. Sonntag nach Epiphanias)

Letzter Sonntag nach Epiphanias

Jesus antwortete ihnen und sprach: Meine Lehre ist nicht von mir, sondern von dem, der mich gesandt hat. Wenn jemand dessen Willen tun will, wird er innewerden, ob diese Lehre von Gott ist oder ob ich von mir selbst aus rede.
Johannes 7,16.17

Alles hängt daran, was man unter dem »Tun« versteht... Den Willen des tun, der Jesus zu uns gesandt hat, heißt, an ihn *glauben* (Joh 6,29).

»Der Glaube hat die Verheißung, daß sich ihm der Gegenstand des Glaubens erschließt« (Bultmann). Die Erkenntnis ist also das Geschenk des Gehorsams, besser noch, jenes Gehorsams gegen Gott, wonach der Glaube an Jesus eben Erfüllung des Willens Gottes ist. Wir glauben nicht an Jesus, weil seine Worte uns aus irgendwelchen nicht aus dem Glauben stammenden Gründen einleuchten, sondern wir glauben, indem wir damit *Gottes Willen* tun. Der Glaube an Jesus ist von Gott her Befehl, von uns aus Gehorsam. Und die darauf und daraus folgende Erkenntnis ist Gabe, damit dieser Glaube als »mein« Glaube, als »meine« Einsicht real sei, so daß die Unterwerfung unter den Anspruch Jesu niemanden bindet (wie die unter andere menschliche Autoritäten), sondern jeden wahrhaft frei macht. Die dem Glauben zugeordnete *Erkenntnis* ist das Zeichen der *Freiheit.*

I, 297

Septuagesimä

Und die Apostel sprachen zu dem Herrn: Stärke uns den Glauben! Der Herr aber sprach: Wenn ihr Glauben hättet so groß wie ein Senfkorn, dann könntet ihr zu diesem Maulbeerbaum sagen: Reiß dich aus und versetze dich ins Meer!, und er würde euch gehorchen.
Lukas 17,5.6

Voran geht die Warnung von dem Ärgernis-Geben und die Mahnung zum Nimmermüde-Werden im Vergeben. Könnte nicht von daher die Bitte der Jünger um Stärkung des Glaubens zu verstehen sein? Glauben hieße dann hier der Frage von Schuld und Vergebung den ersten Rang innerhalb der Wirklichkeit unseres Lebens zuerkennen. Das ist es offenbar, was den Jüngern an der Rede Jesu, überhaupt an Jesus selbst, denn mit Jesus ist die Vergebung Gegenwart geworden, zu glauben schwerfällt. Und wem fiele es nicht schwer?

Es ist ja so viel leichter, die Vergebung . . . ins Jenseits und Inseits zu verlegen – da ist dann Sündersein, Schuldigsein, Auf-Gnade-angewiesen-Sein etwas selbstverständlich Unbestrittenes – aber daß damit die Wirklichkeit, in der wir leben, ein anderes Gesicht bekommen könnte, daß *das* Glauben hieße, daß Dinge, die tief in uns verwurzelt sind, Gewohnheiten, Leidenschaften, Schuld und Sünde, herausgerissen werden könnten, um in das Meer des göttlichen Erbarmens versenkt zu werden, daß das Gesicht der Wirklichkeit im kleinen und im großen – beides läßt sich ja überhaupt nicht trennen – ein anderes, ein neues werden könnte, wenn wir »Glauben hätten«, und sei er auch nur so winzig wie ein Senfkorn, das gilt nicht nur beim Hohen Rat in Jerusalem als revolutionäre Ketzerei, sondern könnte selbst der Gemeinde zum Skandalon* werden. Daß es Versöhnung geben soll in dem har-

* Gegenstand der Empörung

ten Erdreich von Politik und Klassenkampf, daß das Leben der Menschen auch hier unter der Verheißung von Gottes Allmacht stehen könnte, daß es auch hier kein: es war immer so und es wird immer so sein, geben sollte und daß darum die Bitte um Vergebung, das μετανοεῖν [*metanoein*/ Umdenken, Umkehren] und das Vergeben selbst das eigentliche Geschehen des Gottesreiches ist, will das unserer »Herzenshärtigkeit« nicht immer wieder als Utopia erscheinen? . . .

Wer nicht in dieser Wirklichkeit und Welt mit dem rechnet, der »auf Erden« Sünden vergibt, der hat noch nicht begriffen, daß die Gottesherrschaft »mitten unter euch ist« (Lk 17,21).

I, 58.59

Sexagesimä

Maria setzte sich dem Herrn zu Füßen und hörte seiner Rede zu. Martha aber . . . trat hinzu und sprach: Herr, fragst du nicht danach, daß mich meine Schwester läßt allein dienen? Sage ihr doch, daß sie mir helfen soll! Der Herr aber antwortete und sprach zu ihr: . . . Maria hat das gute Teil erwählt; das soll nicht von ihr genommen werden.
Lukas 10,39.40.41.42

Es ist alles andere als der übliche und belobte Kirchgang bzw. Gottesdienst, der in Maria seine Beispielfigur findet, es ist vielmehr eine gegen die Sitte (fast könnte man sagen: gegen die Schöpfungsordnung!) verstoßende Handlung, deren sich Maria schuldig macht. Es liegt etwas Demonstratives, etwas Zeichenhaftes in dem »Nichtstun«, in diesem Nicht-Mitbesorgen der Maria. *Das* rügt Martha, *dafür* richtet sie ihre Schwester.

Demgegenüber tritt Jesus rechtfertigend für Maria ein. Martha möchte für ihn dasein, aber für Maria ist Er da. . . Für Martha ist er ein Gast, wie andere auch, gewiß ein edler, ein hochgeehrter, aber was ist er für Maria? Kein Gast. Sein Eintritt ist für sie keine Ehrung. Das Haus, der Tisch, das Mahl – alles ist auf einmal unwesentlich, denn sie ist Gast im Hause Gottes. Sie lebt von dem Wort, das aus seinem Munde kommt. Sie lebt, wie sie noch nie gelebt hat in ihrem Leben. »Deine Güte ist besser denn Leben« (Ps 63,4)! . . . Sie darf teilnehmen, sie, eine Frau, ein sterblicher, sündiger Mensch, an dem, was der Vater dem Sohn offenbart hat, und hören, wie der Sohn den Vater verkündet. . . Sie hat alles andere vergessen. Selbst, daß sie eine Frau ist. Sie ist nichts anderes als ein Ohr für dieses Wort, als ein Herz für diesen Samen. Sie ist, was sie ist, durch dieses Wort: ein Wesen, das Gott versteht, das ihn sich und sich ihm in Jesus nahe weiß, sie ist zum ersten Mal in ihrem Leben ein »wahres Geschöpf« Gottes, ein neu ins Dasein gerufenes Wesen, für das das Wort Jesu ein und alles ist. . . Sie erwählt, indem sie das eine erwählt, nicht sich nach ihrem natürlichen Wesen, das tut Martha, die bleibt, was sie ist, und richtet aus diesem Bei-sich-selbst-Bleiben die Schwester. Maria hat aufgehört, die Schwester der Martha zu sein. Sie ist ganz sie selbst geworden.

I, 629.630.631

Estomihi

Es begab sich aber, als er in die Nähe von Jericho kam, daß ein Blinder am Wege saß und bettelte... Und er rief: Jesus, du Sohn Davids, erbarme dich meiner!
Lukas 18,35.38

Die Bitte ist das Zeichen des Glaubens, der die Möglichkeit der Hilfe nicht in sich, aber in dem »vorübergehenden« Herrn (Ambrosius) sucht. Das ist der Augenblick, auf den es ankommt. Der Augenblick, da es gilt, den Herrn bei meinem Elend stillstehen zu machen. Das aber vermag keine Gewalt des Himmels und der Erden als allein der Ruf: »Herr, erbarme dich«... Erbarme dich der Nacht, in der zu leben ich genötigt bin.

»Finsternis« ist der Inbegriff der Gottesferne... In der Finsternis leben heißt angewiesen sein auf die »blinden Blindenführer« (Mt 15,14). Kein Wunder, daß, je dichter die Finsternis wird, desto mehr menschliches »Führertum« sich vordrängt, um seine verhängnisvolle Rolle zu spielen. Aus diesem Verfallensein an »Führer«, dem Angewiesensein auf einen, der ihn leitet, will der Blinde *frei* werden. Sehend werden heißt frei werden, seinen Weg selbst zu gehen! »An sich« könnte das dieser Mensch wohl, er hat ja alle Möglichkeiten, er könnte gehen, er könnte sich recht bewegen, könnte auf dem geraden Wege wandeln – nur eins fehlt: das *Licht*. Der blinde Mensch ist ein Gleichnis dessen, was wir alle sind. Durch diesen »Defekt« sind alle unsere Möglichkeiten durchgestrichen. Er bringt uns um unsere eigenste Möglichkeit. Das ist das Furchtbare an unserer Lage.

Der Blinde ist nicht nur ein Bild des in die Finsternis gestoßenen Menschen, sondern er ist zugleich ein Vorbild des aus der Finsternis herausgerissenen, geretteten, um seines Glaubens willen befreiten Menschen. Er ist ein Zeichen dafür, daß »bei Gott möglich ist, was bei den Menschen nicht möglich ist«...

Es gibt offenbar ein *grundsätzliches* Nichtbegreifen, daß Christus leiden mußte, denn die Passion Jesu ist ja noch keineswegs »vorüber«, wir stehen ja noch keineswegs in der ecclesia triumphalis [in der triumphierenden Kirche], was hier in Jerusalem geschieht, wird immer wieder geschehen, wenn auch nicht mehr mit Christus selbst, so doch mit seinem Evangelium. Daß *diese* Blindheit von uns genommen werde, darum geht es...

Begreifen, Christus und seinem Weg ins Leiden gegenüber ein Verstehender, ein Begreifender werden, das hieße ... zum Bettler werden und mit diesem um das Licht der Erkenntnis schreien: »Du Sohn Davids, erbarme dich mein!«

I, 210.211.208.209

Invokavit

Da wurde Jesus vom Geist in die Wüste geführt, damit er von dem Teufel versucht würde.
Matthäus 4,1

Der »Anführer zum Heil« (Hebr 2,10) nimmt selbst an den Leiden seines Volkes teil, wir sind nicht erlöst durch einen »Heros«, der ungehemmt seinen Siegeslauf angetreten und die Hindernisse einfach beiseite geräumt hätte, sondern »er geht dahin, wird matt und krank«! Als der selbst von der Versuchung Betroffene siegt er in seiner Schwachheit, und als der selbst Angefochtene beharrt er in seinem Gehorsam. . .

Gerade dies ist das Messias-Geheimnis Jesu: Der an sich schwache Mensch besiegt den Verführer, indem er sich an Gottes Wort hält. . . Erst in der echten Kampfsituation erfährt der Mensch die Kraft des *Wortes* Gottes, denn dieses ist ihm solange leer und schal, als der Mensch sich seiner nicht bedient zum *Sieg* über den Versucher. Es ist deutlich zu sehen, wie hier drei Schriftworte . . . im Munde Jesu zu einem Glanz und einer Vollmacht gelangen, wie sie das »an sich«, also abgesehen von dieser konkreten Situation, nicht haben. »Allein die Anfechtung lehrt aufs Wort merken« (Jes 28,19). Darum bedeuten die Worte Gottes im Munde Jesu etwas total anderes als im Munde des scheinbar schriftgelehrten Versuchers. . . Die Schriftgelehrsamkeit des Teufels ist eben etwas Teuflisches, weil hier das Wort nicht aus der Anfechtung heraus begriffen ist, sondern vielmehr aus der »Position« des Starken.

I, 435.436

Reminiszere

Es ziemte sich für den, um dessentwillen alle Dinge sind und durch den alle Dinge sind, daß er den, der viele Söhne zur Herrlichkeit geführt hat, den Anfänger ihres Heils, durch Leiden vollendete.
Hebräer 2,10

Wir können hier nicht wie sonst bei natürlichen und geschichtlichen Ereignissen deduzieren, schließen, ergründen, vorweg-denken, wir können nur nachdenken, erkennen und anbeten! Diese Vollendung des Sohnes im Leiden ist die Selbstauslegung des einen Willens, der alles regiert und alles zu seinem Ende führt. Hier hat er sich ganz und rückhaltlos uns zu erkennen gegeben. Hier ist dieser Wille Tat. Dies Ereignis hat kein Dahinter! Hier hat der ewige Ratschluß Gottes sein Heute gesetzt, hier ist das geschehen, was in der Zeit alle Zeit einschließt und regiert.

Das ist die Inschrift über dem Torbogen, durch den wir, wenn anders wir teilnehmen wollen an diesem Geschehen, den Eingang finden zur Passion Jesu. [Darauf kommt es an,] daß wir *Gottes* Wege hier erkennen, wo sie ganz hell, ganz offen, ganz durchsichtig sind, wo sie uns Menschen meinen und uns Menschen in seine Wege einbeziehen. Darum muß uns das Kreuz Jesu solange ein Rätsel bleiben, bis wir lernen, das mitzusprechen, was hier unser Text darübersetzt: »Es geziemte dem . . .« Bis wir alle anderen Götter und Gottesvorstellungen demgegenüber fallenlassen, um diesen einen Gott festzuhalten, dem dies »geziemt«.

I, 341

Okuli

Einige aber unter ihnen sprachen: Er treibt die bösen Geister aus durch Beelzebul, ihren Obersten... Er aber erkannte ihre Gedanken und sprach zu ihnen: ... Wenn ich durch Gottes Finger die bösen Geister austreibe, so ist ja das Reich Gottes zu euch gekommen.
Lukas 11,15.17.20

Der Vorwurf entspringt ... der Paradoxie der Person Jesu Christi selbst. Jesus ist beides zugleich, den einen das Ärgernis, den anderen das Heil, den einen Verführer, den anderen Offenbarer, den einen Ketzer, den anderen Wahrheitszeuge, den einen ein Zerstörer des Tempels, den anderen Haupt und Fundament der wahren Kirche. Diese Paradoxie gehört zur Verborgenheit des Wirkens Jesu ..., sie ist der Preis, der gezahlt werden muß, wenn anders wirklich das Heil, die Macht, der Sieg Christi bei uns ist... Anders kann der Herr den Teufel in dieser Welt nicht besiegen, als daß er selbst die Blasphemie auf sich nimmt, er stehe im Bunde mit den Mächten der Tiefe. Das Kreuz leuchtet auf...

Wir hätten Gelegenheit genug zu sehen, daß das heute nicht anders ist – und wir hätten ein Recht, gerade daraus zu schließen, daß dieser Herr auch heute noch seine Knechte in der Arbeit hat. Jesus von Nazareth im Bunde mit den Mächten von unten, »das Kreuz als Erkennungszeichen für die unterirdischste Verschwörung, die es je gegeben hat« (Nietzsche, Antichrist) – so real, wie das heute gemeint ist, müssen wir auch die Situation unseres Evangeliums verstehen, so gefährlich real. Denn es war ja »noch nicht heraus, wer recht hat« – und es ist auch heute noch nicht heraus! ...

Da, mit einem Male springt die Wahrheit heraus: »Wenn Ich aber mit dem Finger Gottes die Dämonen austreibe, dann ist ja die Gottesherrschaft bereits über euch gekommen«, also bei euch Gegenwart geworden... Dies Wort von der Gottesherrschaft sprengt jegliche Diskussion. Es ist Imperativ und Indikativ zugleich: Indikativ, denn damit sagt ja Jesus: Mit mir, mit meinem Wirken und meinem Kommen, gewinnt das Reich Gottes sein Jetzt und Heute, seine Gegenwart mitten im Herrschaftsbereich des Todes, der Sünde und der Hölle. Imperativ, denn diese Nähe der Gottesherrschaft bedeutet ja: Kehrt um, werdet aus Verächtern Anbeter, aus Verfolgern Nachfolger, laßt auch euch befreien, überwinden, losmachen...

Gottes Finger greift ... ein in das so geschlossene Reich der Tiefe. Das diabolische Reich wird zerstört mit jedem, der von seinem Dämon frei wird, und in diesem Zerstören wird das Kommen des Reiches Gottes spürbar.

II, 53.54.55

Lätare

Wir wissen, daß Bedrängnis Geduld bringt, Geduld aber Bewährung, Bewährung aber Hoffnung, Hoffnung aber läßt nicht zuschanden werden; denn die Liebe Gottes ist ausgegossen in unsre Herzen durch den heiligen Geist, der uns gegeben ist.
Römer 5,3–5

Die Rechtfertigung aus dem Glauben kann in der Zeitlichkeit nur gelebt werden durch ein Leben in der Hoffnung, das sich an den Bedrängnissen der Welt in seiner Reinheit herausbildet. . . Man muß sich hüten, nicht einfach in die Tonart »durch Kreuz zur Krone« zu verfallen . . ., sondern es geht um die positive Bedeutung der Leiden, die uns hineintreiben in die Hoffnung.

Luther wird recht haben, wenn er den Kreuzesweg geradezu als einzigen Weg ansieht, den Menschen zur Seligkeit zu führen: »Nisi Deus per tribulationem nos examinaret, impossibile esset, quod ullus hominum salvus fieret« [Wenn Gott uns nicht durch die Drangsal prüfte, wäre es unmöglich, daß irgendein Mensch gerettet würde]. Den Weg der Leiden gehen wir in der Nachfolge Christi; so wie sie in seinem Leben kein Zufall waren und keine bloße Bewährungsprobe, so auch nicht in unserem. In den Leiden entzieht uns Gott die Güter des Leibes und der Seele und führt uns anders, als wir es wünschen. So wandelt uns das Leid, bis wir erkennen, daß die Güter des Glaubens Hoffnungsgüter sind, die noch ausstehen, bis sich unser Herz mit dem Verheißungswort allein begnügt. Die Leiden machen offenbar, was am Menschen ist, ob der Mensch in der Not seinen eigenen Weg geht, auf seinem Glück, seinem Frieden, seinen Hoffnungen besteht, oder ob er geduldig ist, ob er auf Gott wartet, ob er hofft, wo nichts mehr zu hoffen ist. So wirken die Leiden etwas, was sich der Mensch nicht selbst geben kann, sondern Gott in ihm unter Schmerzen reifen läßt: die Geduld. Sie machen sein

Herz rein von der Selbstliebe, sie lehren es beten: Dein Wille geschehe. Die Geduld, mit der der Mensch sein Leiden trägt, bewährt ihn vor Gott in seinem Wesen als Glaubender. . .

Alles läuft darauf hinaus, den Menschen frei zu machen von den Bindungen der Welt und zu verankern allein in der Hoffnung. Alle Hoffnung, die auf das gegründet ist, was im Leiden zerbricht, ist trügerisch. . . Die wahre Hoffnung kann nicht zerbrochen werden, sie gründet auf der Verheißung, auf der Treue und Wahrhaftigkeit Gottes. . . Unser Hoffen gründet darin, daß wir etwas geschmeckt haben von der Liebe Gottes, daß ihre Größe und Kraft uns überwältigt hat in unserem Herzen.

II, 107.108.109

Judika

Gott war in Christus und versöhnte die Welt mit sich selber und rechnete ihnen ihre Sünden nicht zu und hat unter uns aufgerichtet das Wort von der Versöhnung. So sind wir nun Botschafter an Christi Statt, denn Gott ermahnt durch uns; so bitten wir nun an Christi Statt: Laßt euch versöhnen mit Gott! Denn er hat den, der von keiner Sünde wußte, für uns zur Sünde gemacht, damit wir in ihm die Gerechtigkeit würden, die vor Gott gilt.
2. Korinther 5,19–21

Ἐν Χριστῷ [*en christo* / in Christus] wird uns etwas verkündigt, eine Botschaft Gottes kundgemacht, die weit, weit über das kühnste Utopia der Philosophen hinausgeht. Was Gott an und in Jesus Christus getan, was sich dort ereignet hat . . ., ist kein innerhalb des menschlichen Bewußtseins zu begrenzendes Geschehen, es gilt nicht nur »pro me« [für mich], sondern es gilt zunächst und wahrhaftig pro se [für sich], es gilt vor Gott und durch Gott und darum auch – das ist in unserem Text der zweite, durch den Indikativ der Versöhnungstat Gottes begründetete Schritt: »Laßt euch versöhnen mit Gott« – für uns! . . . Wer die Sünde wirklich begreifen will, die Sünde in ihrem Sein und Aufgehobensein zugleich, muß sie in Christus sehen, muß sie dort sehen, wohin *Gott* sie gelegt hat, darf nicht ausgehen von seinem eigenen Welt- und Selbstbewußtsein, sondern muß dem Fingerzeig des λόγος τῆς καταλλαγῆς [des *logos tes katallages* / des Wortes der Versöhnung] nachgehen. . .

Der Sieg Gottes in Jesus Christus ist endgültig. . . In der Versöhnungstat Gottes in Jesus Christus haben Sünde, Tod und alle satanischen Mächte den Realgrund ihrer Existenz verloren. . . Niemand kann im Ernst an die Realität Gottes und an die jener entgöttlichten Mächte zugleich glauben. Entweder Gott bestimmt mit seiner Versöhnungstat in Christo die Welt, dann haben diese Mächte der Sünde und des Todes keinen Anspruch auf Realität, bzw. was sie an Realität noch haben, verdanken sie unserem Unglauben; oder sie sind real, sie machen den Realitätsgrund dieser Welt aus, dann ist Gott keine Realität, dann ist er weder unser Schöpfer noch unser Versöhner noch Erlöser, sondern nur noch ... eine ... Größe des frommen Bewußtseins. Das aber ist Unglaube (natürlich oftmals sich selbst unbewußt und darum in der Form des Glaubens).

Der Unglaube verleiht dem Bösen, der Sünde, dem Widergöttlichen seine gegen alles göttliche Recht behauptete Realität. Der Unglaube fürchtet sich. Der Unglaube treibt den Menschen an, dem Bösen aus eigener Anstrengung seine Macht zu nehmen. Ein solcher Mensch glaubt nicht und weiß nicht, was seine Lippen doch nur zu oft singen, »das macht, er ist gericht't, ein Wörtlein kann ihn fällen«. Indem der Unglaube der Sünde innerweltliche Realität zuspricht und die Welt dem Argen überläßt, verlegt er die Versöhnungstat in das entweltlichte Subjekt und hebt sie damit in ihrer göttlichen Absicht als den für die Welt gültigen und endgültigen Sieg Christi auf. Der Unglaube sieht nicht, daß in der Versöhnungstat Jesu Christi, in seinem »Zur-Sünde-gemacht-Werden«, die Sünde ihren Realitätsgrund ein für allemal verloren hat. Er beansprucht die Versöhnung nur für sich, die doch dem Kosmos gilt. So *restituiert* er, in einer Art schöpferischer Kraft der Negation, das Sein der widergöttlichen Mächte im Kosmos. Sie leben in der Tat von ihm, er setzt die Entthronten wieder in ihre Rechte ein...

Dieses Weltbild, in dem die Sünde und der Tod regieren, ist gänzlich subjektiv, es verdeckt die Wirklichkeit und Wahrheit Gottes, wie sie in seiner Versöhnungstat und Versöhnungsbotschaft vor uns stehen. Der Unglaube kann nicht anders, er muß dort Wirklichkeit sehen, wo keine ist, und vermag dort keine zu sehen, wo sie – und zwar für alle Zeit – jetzt schon faßbar ist. Sonst wäre er ja nicht der Unglaube. Er subjektiviert das Welt-Bild, er lebt in »seiner« Welt, in der Welt des um sich selbst kreisenden Menschen, die Welt Gottes ist ihm verschlossen, darum muß er sich die Welt verzeichnen und entstellen, er kann nicht glauben, daß Gott mit ihr versöhnt ist. Wie ein Blinder sich eine selbstgemachte Vorstellung der Außenwelt machen muß, weil er sie nicht sehen *kann*, so auch er. Er muß sie anders sehen, als sie ist.

Es ist also nicht an dem, daß der Glaube die subjektive, auf das gläubige Subjekt und seine Erfahrung reduzierbare »Sicht der Dinge« hat, während der Nicht-Glaube, der rationale Verstand, der Skeptiker, der infidelis [der Ungläubige] behaupten könnte, daß er die Wirklicheit sieht, wie sie ist. Nein: Die Wirklichkeit sehen, wie sie ist, das hieße die Welt vom Kreuze Christi sehen...

Mit der Versöhnungstat Gottes ist nicht ein »Faktum« gegeben, über das sich nun die Menschen Gedanken und infolgedessen auch Worte machen, sondern Gott hat mit *Seinem* Wort seine Versöhnungstat in Lauf gesetzt... Wäre es anders, woher nähme der Apostel die Vollmacht, die Welt zur Versöhnung mit Gott aufzurufen, woher nähme die Gemeinde die Gewißheit, sich versöhnt zu wissen? Was für eine Vermessenheit, was für ein durch nichts begründeter, rosaroter Optimismus stünde sonst hinter unserer Versöhnungsbotschaft und unserem Versöhnungsglauben!

Aber nun, *da es so ist*, da im Wort von der Versöhnung die Tat der Versöhnung von Gott her in Geltung gesetzt ist, wäre es umgekehrt ein böser, glaubensloser und ungehorsamer Pessimismus, dieses Wort nicht bis an die Enden der Welt auszubreiten und mit ihm die Welt durch die Gemeinde zur Versöhnung aufzurufen.

I, 548.549.550.552.553 (aus der Meditation zum Karfreitag)

Palmsonntag

Es ziemte sich für den, um dessentwillen alle Dinge sind und durch den alle Dinge sind, daß er den, der viele Söhne zur Herrlichkeit geführt hat, den Anführer ihres Heils durch Leiden vollendete.
Hebräer 2,10

Hier ist in einer nicht hoch genug zu rühmenden Weise die Souveränität Gottes – d.i. seine Freiheit! – mit der Menschwerdung und dem Leiden Jesu zu einer untrennbaren Einheit verknüpft. . . Die Majestät dessen, der durch nichts Vorhandenes, nichts Geschaffenes begrenzt ist . . ., diese Omnipotenz [Allmacht] Gottes ist nicht ein für sich allein bestehender, freischwebender Begriff (wie sich das die Vernunft denkt!), sondern sie will allein erfaßt sein in dem, was Jesus ist und was Jesus tut. Oder man könnte auch sagen: Wenn die eine Seite die Freiheit Gottes zum Ausdruck bringt . . ., wird auf der anderen sein unendliches Erbarmen in Jesus dargestellt. Beides ist eins, weil der, »um dessentwillen alles da ist« und »durch den alles da ist«, eins ist mit Jesus. . . Unser Text hilft uns, beides als *eins* zu sehen, so daß wir die Allmacht Gottes allein in dem Weg der Erniedrigung und Erhöhung seines Sohnes und unsere Rettung durch die Leiden des »Dux« [des Anführers unseres Heils] als Akt der Omnipotenz Gottes fassen können: Decet Deum [es ziemt Gott]! . . . Hier könnten wir lernen, mit dem von Jesus Christus und seinem Heilshandeln losgelösten Begriffe von Allmacht bzw. Absolutheit Gottes zu brechen, um Menschwerdung und Tod Jesu als die Wirksamkeit göttlicher Omnipotenz innerhalb unserer Menschheitsgeschichte zu begreifen.

I, 600

Gründonnerstag

Und als die Stunde kam, setzte er sich nieder und die Apostel mit ihm. Und er sprach zu ihnen: Mich hat herzlich verlangt, dies Passalamm mit euch zu essen, ehe ich leide. Lukas 22,14.15

Desiderio desideravi [herzlich hat mich verlangt] – das ist das Ziel des ganzen Laufes, darum ist es dem Herrn in seinem ganzen Leben, in seinem Ringen und Mühen um seine Jünger gegangen, daß diese Stunde käme. Und so wie sie damals hören auch wir sein Wort, gegenwärtig, in dem vobiscum [mit euch] die communio [Gemeinschaft] bezeugend und setzend, die sein Leiden zwischen ihm und uns, zwischen uns untereinander bewirkt, diese einzigartige Gemeinschaft, die nur im *Christus praesens* [im gegenwärtigen Christus] ihren Schlüssel hat. Die Vollkommenheit der Liebe, wie es bei Johannes heißt, ist erreicht, die Erfüllung; es liegt ein triumphaler Ton in dem durch das Leiden bereits gezeichneten Wort des Herrn. Der Bund wird geschlossen, den die Hölle nicht zerbrechen wird, der Punkt ist gewonnen, den die Wasser der großen Flut nicht erreichen werden. Im Leiden des Herrn sind die Seinen geborgen und errettet. . .

Hoffentlich hören wir aus diesem desiderio desideravi unser ganzes Heil, unseren ganzen Trost, hoffentlich hören wir hier das heraus, was einen Menschen auf Erden, in Sünde und Schuld, das ganze große Erbarmen Gottes fassen und dessen froh werden läßt. Hoffentlich hören wir etwas von dem heraus, was die herausgehört haben, die in Gefängnissen, vor dem Tod in der Schlacht, in der großen Einsamkeit der Verfemten und Verfolgten hier Entscheidendes vernommen und geschmeckt haben! Eben diese Liebe Gottes, die mit uns einen Bund schließt, besiegelt durch den Tod, der uns gewiß macht, daß Gott uns zur Seite steht, untrennbar, in einer communio, die weder Tod noch Leben, weder Gegenwärtiges noch Zukünftiges zerbrechen können.

II, 70.71

Karfreitag

Mir hast du Arbeit gemacht mit deinen Sünden und hast mir Mühe gemacht mit deinen Missetaten. Ich, ich tilge deine Übertretungen um meinetwillen und gedenke deiner Sünden nicht. Jesaja 43,24.25

Es geht ohne Frage hier ... um Geltendmachen des ersten Gebots, um Gottes souveräne, Aufweisung und Tilgung der Sünde umfassende Gerechtigkeit...

»*Mir* hast du Arbeit gemacht mit deinen Sünden!« Damit tritt Gott selbst in diesem Rechtsstreit auf den Plan, *er* trägt die Sünde, wir sehen *ihn* mit ihr befaßt, wir, die wir meinten, daß sie vielleicht uns, aber kaum jemals *ihn* etwas angeht! Das muß für das Volk im Exil, welches an der *Strafe* seiner Sünde trug, ebenso ungeheuerlich zu hören gewesen sein, wie es heute für uns immer noch ungeheuerlich erscheint, Gott zu sehen, wie ihm *unsere* Sünde *Arbeit* macht... *Gott* allein nimmt unsere Sünde ernst. Er, als der Herr im Himmel und der Knecht auf Erden. Wir sehen ihn hier heraustreten aus seiner Verborgenheit und seine *Arbeit* tun, sein »Werk« (Luther: opus proprium [sein eigentliches Werk])...

Es ist also nicht so ..., als ob Gott einen Mittler wählte, auf den er stellvertretend die Strafe legt, so daß sowohl er in seiner Forderung wie auch wir in unserem Unvermögen, die Strafe abzuleisten, gerechtfertigt sind. Hier ist eine leere dogmatische *Konstruktion* an die Stelle eines wirklichen Prozesses getreten. Sondern eben dieser Knecht, welcher Gottes Arbeiten mit unserer Sünde vor aller Welt sichtbar, anschaulich macht, ist Gott selbst... *Gott* selbst tritt in diesem Rechtshandel für unsere Sünde ein... Der Richter und der Gerichtete sind eins (Karl Barth)! Das ist nicht zu begreifen, aber gerade darum ist es zu verkündigen! Als Verkündigung der Gerechtigkeit Gottes in Jesus Christus ist es die Wahrheit, auf der der Glaube ruht...

Nicht der Mensch und seine Schuld stehen im Mittelpunkte dieses Rechtshandels, sondern *Gott* und seine Arbeit, *Gott* und sein Sieg. Daß Gott für *mich* eintritt, liegt darin *begründet* (Gott sei Dank, daß es darin begründet ist), daß er für *sich* eintritt. Mein Heil liegt darin begründet, daß es Gott um seine Sache geht und meine (böse) Sache in diese seine (gute) Sache eingeschlossen ist. Dem *pro me* [für mich] Gottes, an das ich mich im festen Glauben halte, liegt ein *pro se* [für sich] Gottes zugrunde! Es geht Gott hier, in der Tilgung und Aufhebung meiner Sünden, um *seine* Gerechtigkeit und seine Gnadenwahl.

I, 380.381.383.384

Ostersonntag

Die Frauen fanden aber den Stein weggewälzt von dem Grab und gingen hinein und fanden den Leib des Herrn Jesus nicht. Und als sie darüber bekümmert waren, siehe, da traten zu ihnen zwei Männer mit glänzenden Kleidern. Sie aber erschraken und neigten ihr Angesicht zur Erde.
Lukas 24,2–5

Wie ein großes Rätsel schaut sie diese Leere des Grabes an. . . Als ob sie ins Nichts hinein schauten, ins absolute Dunkel, bis plötzlich, wie ein Blitz von oben, die Wahrheit sie umleuchtet, bezeugt von »zweier Zeugen Mund«. Sie fallen nieder vor der Übermacht dieses Glanzes, es ist, als ob sie genau an der Stelle stünden, wo Gottes Welt und unsere Welt zusammenstoßen. Sie bergen ihr Gesicht am Boden, wie Menschen, die Staub und Asche sind. Sie sind nichts als Hörende.

Vielleicht sollten wir das von ihnen lernen. Denn solange wir noch dieser Botschaft standzuhalten gedenken, wird sie uns nicht treffen. Sie kommt, wo sie kommt, nur zu den Demütigen, den zu Boden Geworfenen, sie kommt wie ein Licht von oben in die tiefste Nacht. . . Wer an den Rand aller Dinge tritt, an den Rand seiner eigenen Vernünftigkeit, seines sich irgendwie Behaupten-Wollens, allein der wird sie hören, wie die Frauen sie hörten.

I, 69

Ostermontag

Wenn aber dies Verwesliche anziehen wird die Unverweslichkeit und dies Sterbliche anziehen wird die Unsterblichkeit, dann wird erfüllt werden das Wort, das geschrieben steht: »Der Tod ist verschlungen vom Sieg. Tod, wo ist dein Sieg? Tod, wo ist dein Stachel?« ... Gott aber sei Dank, der uns den Sieg gibt durch unsern Herrn Jesus Christus!
1. Korinther 15,54.55.57

Nur solange man Totenauferstehung auf der Linie des grundsätzlich Erfahrbaren, Erlebnismöglichen, Geschichtlichen im Sinne kommender und vergehender »Ereignisse« erwartet und sich deren Wie? mit Hilfe menschlicher Phantasie vorzustellen sucht, also nicht begriffen hat und begreifen will, daß es sich bei der Totenauferstehung um ein *Geheimnis* handelt, nicht geringer als das Geheimnis *Gottes* selbst, nur dann kann man diese bezweifeln, diskutieren, sie zum Gegenstande einer mehr oder weniger großen Wahrscheinlichkeit, also einer grundsätzlich menschlichen, grundsätzlich eben nicht im Geheimnis Gottes beschlossenen »Möglichkeit« ansehen. So aber soll es nicht sein. Totenauferstehung bedeutet Gottes in seiner Tat an Jesus Christus erwiesenen *Sieg* über den *Tod*, bedeutet darüber hinaus Teilnahme der Menschen, der lebenden und toten, an diesem Sieg, der sich ihnen mit Jesu Auferstehung als untrügliche Hoffnung ankündigt, als »lebendige Hoffnung« für alle, die dem Tode verfallen sind...

Von *jenseits* des Todes her, von außerhalb der durch den Tod bestimmten Menschheitsgeschichte stammt die Christusbotschaft. Wenn sie nicht untrennbar verbunden bleibt mit dem anderen, mit der unfaßlichen Wirklichkeit der Totenauferstehung als der Grenzüberschreitung dieses Äons und seiner Gesetze, dann ist sie sinnlos, dann ist unser Christentum mit allem, was zu ihm gehört, mit Sündenvergebung und Unsterblichkeit nichts anderes als eine der vielen, damals wie heute so zahlreichen »Erlösungsreligionen«, mit denen sich die Gefangenen über die Unzerbrechlichkeit ihres Gefängnisses hinwegtrösten...

Der Unterschied zwischen dieser Todeswelt und der kommenden Welt der Auferstehung zum unvergänglichen Leben kann nicht aufgelöst, darf nicht als nebensächlich behandelt werden. Die Spannung zwischen Glauben und Schauen, Hoffen und Sehen, Hören und Empfangen muß bleiben, solange wir hier leben, wir müssen vieles an uns vorüberziehen lassen, was sich als das Neue und Verheißene, als etwas von Gott Kommendes und Erlösendes ausgibt. Wir dürfen uns nicht abspeisen lassen mit dem, was der Größe Gottes eben *nicht* gemäß ist. Wir müssen warten auf Gott, Gottes letztes Werk steht noch aus...

Einmal wird aus der Theologie des »Es steht geschrieben« eine Ontologie des »Es ist geschehen« werden*, einmal werden wir *schauen*. Einmal wird uns aus der uns umgebenden Wirklichkeit in Natur und Geschichte nicht mehr die Anfechtung, sondern die *Bestätigung* dessen, was wir geglaubt haben, entgegenkommen. Einmal wird alles »stimmen«! Aber bis dahin wird eben nichts »stimmen« und darf nichts mit dem, was jetzt ist, übereinstimmen! ...

So steht »das Wort, das geschrieben steht« als eine unerhörte, über alles, was ist, hinauslangende Verheißung in der Todeswirklichkeit dieser Welt, steht anders und herrlicher darin als der Baum des Lebens im Paradiese, und wir können nicht genug von seinen Früchten (den Früchten dieses Wortes!) essen.

II, 140.141.142.143

* Theologie – Ontologie: Lehre von Gott – Lehre vom Sein

Quasimodogeniti

Gelobt sei Gott, der Vater unseres Herrn Jesus Christus, der uns nach seiner großen Barmherzigkeit wiedergeboren hat zu einer lebendigen Hoffnung durch die Auferstehung Jesu Christi von den Toten, zu einem unvergänglichen und unbefleckten und unverwelklichen Erbe, das aufbewahrt wird im Himmel für euch, die ihr aus Gottes Macht durch den Glauben bewahrt werdet zur Seligkeit, die bereit ist, daß sie offenbar werde zu der letzten Zeit.
1. Petrus 1,3–5

Der Glaube, den die sichtbare Welt uns abnötigt, ist Ostern begraben. Er liegt hinter uns wie das leere Grab hinter dem Auferstandenen. Aus dieser Todeskammer sind wir auferstanden, um nie wieder dahin zurückzukehren. Wer würde auch gern ins Totenreich umkehren! Vor uns liegt ein neues Land, ein »göttliches Erbgut« (wie Kanaan vor den Israeliten). Indem wir uns daraufhin ausrichten und ausrichten lassen, indem wir als in »Schutzhaft* des Glaubens genommene« Menschen – ohne rechts und links zu sehen – dies Ziel unser Lebensziel sein lassen wie ein Steuermann, der sich hindurchkämpft durch die Wogen des Meeres, die ihm die Sicht nehmen, sind wir, was wir sind: »in aeternum renati« [in Ewigkeit Wiedergeborene]!. . .

Dank der Auferweckung Jesu Christi von den Toten gibt es für uns eine unzerstörbare Wirklichkeit, auf die hin wir in unserer neuen Existenz bezogen sind, ein »Erbe«, das unser ist, aber doch unserer Verfügung, ja, auch unserer Verantwortung entzogen bleibt. Wieder klingt das *Loblied* auf Gottes *Macht* hier auf. Was Gott setzt, dafür bleibt er verantwortlich. Unsere Verantwortung kommt von daher, aber sie erstreckt sich nicht nach dorthin, sie

* »Bewahren« (V. 5) heißt laut Iwand im Grundtext wörtlich »in Haft halten«.

erstreckt sich nicht auf unser Erwähltsein und auf diesen »Schatz im Himmel«. . . Der Beziehungspunkt aller biblischen Aussagen liegt nie in der Existenz des Menschen, sondern die biblischen Aussagen beziehen unsere Existenz auf die Verheißung Gottes. . .

Das Verwahrtwerden . . . geschieht in der Kraft Gottes, nicht in der unseres Glaubens. Der uns verwahrt, tut es in derselben Kraft, die den Tod in Jesus Christus zerbrach. Sie holt auch uns aus dem Grab unseres Unglaubens heraus und bewahrt uns fortan. Sie verwahrt uns. Es bedarf also schon einer solchen Kraft, die der Macht des Todes überlegen ist, wenn wir in unseren mannigfachen πειρασμοί [*peirasmoi* / Prüfungen] bestehen, wenn wir jenes Erbe nicht preisgeben sollen. Es geht heute eine Tendenz durch unsere protestantische Theologie, diese Entscheidung dem *Glauben* selbst aufzubürden. Man möchte den Menschen als den glaubenden zum Träger seines Heils machen. . . Unser Brief tut das wohlweislich nicht. Er weiß um die Lage wirklicher Anfechtung Bescheid. . . Darum begegnet uns hier der Glaube in *dienender* Funktion. . . Der Glaube in uns korrespondiert diesem Wache-Halten Gottes über uns. Gott wacht, und wir sollen auch wachen. Gott hat die Verfügung über das Erbe, das unser ist, in seine Hand genommen.

I, 344.686.687

Miserikordias Domini

Ich bin der gute Hirte. . . Ich bin die Tür zu den Schafen.
Johannes 10,11.7

Ich bin der gute Hirte! Damit ist der Punkt in unserem Text bezeichnet, der unzugänglich ist und unzugänglich bleiben muß. . . Die hier gebrauchte Form der Rede begegnet uns immer wieder: Ich bin das Brot des Lebens, Ich bin das Licht der Welt, Ich bin die Tür zu den Schafen, Ich bin die Auferstehung und das Leben usw. Damit ist die Offenbarung Gottes hineingenommen, gebunden und bezogen in dieses »Ich bin«. Das Geheimnis von 2. Mose 3,14 wiederholt sich hier auf neutestamentlicher Ebene. Es wird damit nur noch radikaler, paradoxer, denn nun bricht es auf mitten in der historischen, endlichen, empirischen Erscheinungswelt. Darum möchten die Juden, möchten wir alle vielleicht immer wieder einen allgemeingültigen, »öffentlichen« Beweis von der Messianität Jesu, der Gültigkeit seiner Offenbarung, der Absolutheit des Christentums. Aber das »Ich bin, der Ich bin« bleibt auch hier – nun unmittelbar hineingesprengt in die Zeit, in die Geschichte, uns sozusagen in Jesus auf den Leib gerückt – der unzugängliche Punkt, von dem aus alles Licht hervorbricht, aber in den niemand von außen hineinschauen kann. An diesem Ich vorbei kommt niemand zum Vater, zur Wahrheit, zum Leben, zur Erkenntnis! Das liegt in der Redeform des ἐγὼ εἰμί [*ego eimi* / ich bin]. . .

Und wie kann Jesus sagen, daß er die Tür sei, durch welche doch wohl der Hirte – also auch der gute Hirte – eingeht? Dann ginge er ja durch sich selbst ein! *Ebendas ist gemeint.* Die Tür ist das Wort, das ewige Wort, und durch diese Tür geht er ein, weil er das Wort ist. . . Hier läge also der *absolute* Unterschied zwischen ihm als Hirten seiner Schafe und allen anderen Menschen, die dieses Hirtenamt verwalten. Er ist seine eigene Tür. Das heißt: Sein Wort ist wahr, weil *sein* Wort Gottes eigenes Wort ist. Er redet in der Ich-Form, die die Form der Offenbarung Gottes selbst ist (»Ich bin, der ich bin!«). Nur so kann er vernommen werden... Wir aber können alle Gott nur verkündigen, wenn wir durch diese Tür eingehen, also durch ihn als unseren Mittler.

I, 213.214.305

Jubilate

Wahrlich, wahrlich, ich sage euch: Wer nicht zur Tür hineingeht in den Schafstall, sondern steigt anderswo hinein, der ist ein Dieb und ein Räuber. Der aber zur Tür hineingeht, der ist der Hirte der Schafe. Dem macht der Türhüter auf. . . Dies Gleichnis sagte Jesus zu ihnen; sie verstanden aber nicht, was er ihnen damit sagte. Da sprach Jesus wieder: Wahrlich, wahrlich, ich sage euch: Ich bin die Tür zu den Schafen.
Johannes 10,1.2.3.6.7

In unserem Text geht die Gleichnisrede dem »Ich bin« Jesu voraus. . . Was hat das zu bedeuten? Doch wohl dies, daß es eine *Regel*, ein *Gesetz* gibt, welches das Geschehen der Offenbarung, das Kommen und Vernommenwerden des »Herrn« bestimmt. Im Reiche Gottes gelten unverbrüchliche Gesetze, wer sie nicht beachtet, wird an der Wirklichkeit dieses Reiches vorbeigreifen. Nun ist das Bild von den Schafen stehende Rede von Gottes Volk im Alten Testament. Hirte ist im Alten Testament Führer und König, ist Bezeichnung des kommenden Gottkönigs. Unser Gleichnis, welches diese Bildrede aufnimmt und erweitert, belehrt uns über die Ordnungen, die über dem Kommen und Erkanntwerden des Hirten zu den Seinen walten. Sie sind im vorhinein gegeben. Sie gelten nicht, weil Jesus gekommen ist, sondern weil er kommt. Sie sind adventliche Ordnungen.

Das Kommen des rechten Hirten wird durch die *Tür* hindurch geschehen. Er wird nicht gewaltsam einbrechen, sondern ihm wird »aufgetan«. Könnte nicht das Alte Testament der Türhüter sein? . . .

Die Jünger verstehen die Rede nicht. Sie *können* sie auch nicht verstehen. Diese Gleichnisreden sind ein Rahmen ohne Bild. Das *Bild*, welches darin fehlt, kann kein Mensch einsetzen. Sonst wäre es eben doch wieder Bild und Gleichnis, und wir können und sollen uns von Gott kein Bild noch Gleichnis machen. Darum kann der *Mensch* die leere Mitte dieser Gleichnisse nicht ausfüllen. Er muß die Antwort *hören,* um sie *glauben* zu können. Jesus antwortet, indem er sagt: »Ich bin die Tür.«

I, 303.304.205 (aus der Meditation zum Sonntag Miserikordias Domini)

Kantate

Jetzt gehe ich hin zu dem, der mich gesandt hat; und niemand von euch fragt mich: Wo gehst du hin? Doch weil ich das zu euch geredet habe, ist euer Herz voll Trauer. Aber ich sage euch die Wahrheit: Es ist gut für euch, daß ich weggehe. Denn wenn ich nicht weggehe, kommt der Tröster nicht zu euch. Wenn ich aber gehe, will ich ihn zu euch senden.
Johannes 16,5–7

Das Sterben Jesu ist *seine* freie Tat... So ist der Tod für ihn nicht Störung, sondern Vollendung seiner Sendung. Aber in den Augen der Jünger, ja in unseren menschlichen Augen insgemein, ist umgekehrt das Werk Jesu betroffen und zum Stillstand gebracht durch den Tod! Darum die Trauer. Eine solche Trauer, daß sie das ganze Herz erfüllt: »O große Not, Gottes Sohn ist tot.« ...

Der hier aufbrechende Schmerz zeigt die Macht des Unglaubens an, der den Tod siegen und Gott unterliegen sieht. Dieser Unglaube wurzelt nicht im Theoretischen, auch nicht im Haften am Historischen, Gegenständlichen; alles das sind nur Symptome, Konsequenzen, Erscheinungen jener ursprünglichen »Krankheit zum Tode«, jener furchtbaren Anfechtung des Unglaubens, daß Gott in seinem Werk auf Erden – das heißt in der uns umgebenden, sinnlichen, realen Wirklichkeit – den Kampf verloren hat und immer neu verlieren wird; daß hier der Tod und die rohe Gewalt und die sich hinter frommem Schein versteckende Diplomatie (die Lüge) das letzte Wort behalten; daß also die Welt eben doch dem Nicht-Gott gehört – und Gott lediglich ins Ideelle, Geistige, Unwirkliche verbannt ist! Das ist der *Schmerz*! Durch diesen Schmerz muß jeder Jünger hindurch. Denn nur der so durch die Schwachheit Gottes Betroffene kann durch den Sieg Gottes getröstet werden...

So tief ist der Tod mit hineingenommen in das Leben Gottes, daß ohne die Gabe seines Geistes, ohne den Tröster, den er sendet, niemand zu glauben vermag, daß Gott Gott ist! Erst damit bekommt die Sendung des Trösters für uns ihren echten Sinn, denn erst der Tod Jesu wird den *Punkt* herausstellen, wird damit das Problem unseres Lebens, eben diese unsere Gottlosigkeit, unseren Unglauben im Schmerz der Verzweiflung *gegenständlich* bzw. historisch machen, an dem der Trost Gottes einsetzen, an dem er für uns wirksam werden und uns aus unserer Trübsal erlösen kann! Am *Tode* Jesu müssen wir es lernen, an Gott zu glauben – lernen wir es nicht hier an diesem Punkte, dann müssen wir für immer ungläubig und gottlos bleiben. . .

Wie Christus in seinem Hingange zum Vater den Tod als Realität überwunden und zunichte gemacht hat, so muß auch diese »Todesbefangenheit« in unseren »Herzen« aufgehoben werden. Hierzu sendet der Sieger über den Tod uns seinen »Beistand«, um ihn, Jesus, in diesem seinem Todesgange zu »verklären«.

I, 441.442

Rogate

Suchet den Herrn, da er sich finden läßt,
ruft ihn an, da er nahe ist! . . .
Denn meine Gedanken sind nicht eure Gedanken,
und eure Wege sind nicht meine Wege, spricht der Herr.
Sondern soviel der Himmel höher ist als die Erde,
so sind auch meine Wege höher als eure Wege
und meine Gedanken als eure Gedanken.
Denn gleichwie der Regen und Schnee vom Himmel fällt
und nicht wieder dahin zurückkehrt,
sondern feuchtet die Erde
und macht sie fruchtbar und läßt wachsen,
daß sie gibt Samen zu säen und Brot zu essen,
so soll das Wort, das aus meinem Munde geht, auch sein:
Es wird nicht wieder leer zu mir zurückkommen,
sondern wird tun, was mir gefällt,
und ihm wird gelingen, wozu ich es sende.
Denn ihr sollt in Freuden ausziehen
und im Frieden geleitet werden.
Berge und Hügel sollen vor euch her frohlocken mit Jauchzen
und alle Bäume auf dem Felde in die Hände klatschen.
Es sollen Zypressen statt Dornen wachsen
und Myrten statt Nesseln.
Und dem Herrn soll es zum Ruhm geschehen
und zum ewigen Zeichen, das nicht vergehen wird.
Jesaja 55,6.8–13

Der entscheidende Punkt liegt darin, daß Gott selbst die Voraussetzung schafft, damit wir ihn suchen können. . . Eben dadurch, daß Gott sich finden lassen will, daß er in seiner Gnade auf uns hin lebt . . ., ermöglicht er uns, daß wir ihn suchen! Indem er uns naht, ermöglicht er uns, daß wir ihn anrufen. . . Es ist also nicht an dem. . . , daß *wir* das Geheimnis Gott aufdecken müßten, sondern es ist von Gott her aufgedeckt, die *Ferne* ist überwunden, die Tür steht offen, es liegt an *uns*, nicht an *ihm*, wenn wir nicht kommen, wenn wir nicht rufen, wenn wir uns nicht aufmachen und die Gitterstäbe unseres Gefängnisses zerbrechen, Schluß machen mit der *eingebildeten*, der krankhaft fiktiven Gottesferne und »ausziehen in Freuden«...

Aber eins ist Bedingung, daß Gottes Wort wirklich Sein Wort sein und bleiben darf, daß es als solches kommen und helfen, mahnen und wirken kann – daß wir den Unterschied gelten lassen zwischen Gott und uns, zwischen seinen Wegen und unseren Wegen, seinen Gedanken und unseren Gedanken. »Jesus Christus ist *nicht* der krönende Schlußstein im Gebäude unseres Denkens« (K. Barth)... *Unsere* Wege enden ... nur bei einem solchen Gott, in dem wir uns selbst widerspiegeln. *Unsere* Gedanken, wenn wir sie als Himmelsleiter benutzen, führen immer nur zu den Höhen, die die Menschen überhaupt erreichen, und zu den Bildern, die Menschen sich aus ihrem Geist heraus gemacht haben. Die Begegnung zwischen dem wirklichen Gott und dem wirklichen Menschen, dieses allein ernsthafte, Leben und Tod mit sich bringende Geschehen, involviert das *Nein* zu allen »möglichen« Berührungspunkten. Wer dies Nein nicht gelten läßt, wer nicht begreifen will, daß Gott Gott ist, unerreichbar, ferne, souverän, frei in dem, wie er seinen Weg mit uns geht, frei darin, wie er seine Pläne und seinen Rat entwirft, wer diesen Akt der Anerkennung, daß wir mit Gott, unserem Herrn, nicht rechten können, an der Schwelle zum Heiligtum nicht vollzieht, der wird freilich den Himmel nie offen sehen und Gottes *Wort* nie als das Wort seines *Herrn* hören. Er bleibt blind und taub, gerade weil er *nicht* blind werden und *nicht* taub sein will. An ihm ist das Wort Gottes verloren, sein Gott ist der Gott, der *nicht* mehr von sich aus redet, der ihm *nicht* mehr von ihm aus nahe kommt...

»Meine Wege sind nicht eure Wege ...« Das muß erst einmal klar sein, anerkannt und begriffen sein, daß Ewigkeit nicht Zeit ist, daß das Bleibende nicht das Wandelbare, das Wahre nicht das Irrende sein kann und daß es keinen Übergang gibt aus dem einen ins andere. Erst damit sind wir solche, an denen das Wort sein Werk tun kann. Das Wort – das hören wir hier – ... deutet nicht das Sein, indem es seinen Sinn enthüllt, sondern es schafft, was es sagt. Glaube heißt nicht Gnosis [Erkenntnis], sondern Leben. Das Wort befruchtet, belebt, verwandelt das Seiende, indem es das, was nicht ist, das »Neue«, ins Dasein ruft...

Die bleibende Auszeichnung des Menschen durch das *Wort* ist nur einem widerfahren, Jesus von Nazareth. In ihm dann allen, die an ihn glauben. In ihm ist der Mensch erwählt zu neuem Leben und im Menschen die ganze Schöpfung. Darum der Jubel, der durch alle Kreatur geht, weil das Wort Gottes geschaffen hat, wozu es gesandt ist...

Entscheidend ist, daß das Volk Gottes auf diese Verheißungen hin *handelt*. So wie das Wort Gottes nur in actu [handelnd] ist, was es ist, so können auch wir als vom Wort gerufene Menschen nur in actu das sein, was wir im Glauben sind. Indem wir vorangehen, weichen die Hindernisse, nicht aber können wir warten, bis wir *sehen*, daß sie weichen. Denn es kommt nicht aufs Sehen an, sondern aufs Hören und darum nicht auf die Wirklichkeit, in der wir leben, sondern auf die Botschaft, von der wir in unserer Wirklichkeit leben.

I, 389.390.391

Himmelfahrt

Und als er das gesagt hatte, wurde er zusehends aufgehoben, und eine Wolke nahm ihn auf vor ihren Augen weg. Und als sie ihm nachsahen, wie er gen Himmel fuhr, siehe, da standen bei ihnen zwei Männer in weißen Gewändern. Die sagten: Ihr Männer von Galiläa, was steht ihr da und seht zum Himmel? Dieser Jesus, der von euch weg gen Himmel aufgenommen wurde, wird so wiederkommen, wie ihr ihn habt gen Himmel fahren sehen.
Apostelgeschichte 1,9–11

Himmelfahrt heißt also: Dort ist nicht hier! Es heißt, daß auch wir, wie das alttestamentliche Gottesvolk, ein wanderndes Gottesvolk sind, daß wir auch im Neuen Bund . . . Fremdlinge auf Erden bleiben.

Man stelle sich einmal vor, es gäbe die Erinnerung an die Himmlfahrt Christi unter den Seinen nicht. Man stelle sich . . . vor, . . . die zum Gottesdienst oder zum Abendmahl versammelte Gemeinde täte dies unter der Parole des Christus praesens [des gegenwärtigen Christus] – ohne seiner Himmelfahrt zu gedenken, ohne diese Trennungslinie zu beachten, die er zwischen uns und sich (nicht zwischen sich und uns!) gelegt hat! Was für eine schreckliche Form christlichen Übermenschentums würde dadurch entstehen! Ja, was für ein schrecklicher Kurzschluß des Ihn-Sehens, Ihn-Erlebens, Ihn-bei-sich-Habens muß daraus folgen!

Nur eins wird einer solchen vielleicht sehr kirchlichen, sehr institutionsfreudigen Haltung fehlen, wird hinter ihr liegen als ein überwundener Standpunkt: der Glaube von Hebräer 11,1! Das Warten auf seine Erscheinung! Die Gewißheit in der Hoffnung, daß der erhöhte Herr, unsichtbar, aller Sichtbarkeit zum Trotz, zur Rechten des Vaters sitzt. An Stelle dessen wird der Ehrgeiz entbrennen, wer hier schon zu seiner Rechten und Linken sitzen soll.

Die Lehre von der Himmelfahrt Christi . . . ist die Selbstprüfung der Kirche, die bleibende Erinnerung daran, daß die Bewegung, von der sie lebt, eine Bewegung von oben nach unten ist, von dem unsichtbaren Haupt zu dem ihm untergeordneten, sichtbaren Leib – das Unsichtbare qualifiziert das Sichtbare, das Kommende das, was gegenwärtig ist. Himmelfahrt ist die Frage an die Kirche auf ihrem Weg von Ostern nach Pfingsten, ob sie auch das Beste dabei nicht vergessen hat, das eine, was not ist, ob sie weiß, daß sie »ferne vom Herrn« ist und der Geist, der ihr verheißen ist, nur ein Pfand, eine Wegzehrung, ein Licht auf dem Wege, keine Kraft- und Substanzübertragung, keine Qualifizierung des Irdischen zum Überirdischen, des Menschlichen zum Übermenschlichen ist. Das könnte uns die Himmelfahrt Christi bedeuten, ein auch heute noch erhobener Finger, ein aufgerichtetes Zeichen der Umkehr und der Buße gegenüber aller Direktheit und Anschaulichkeit.

I, 495.496

Exaudi

Wenn euch die Welt haßt, so wißt, daß sie mich vor euch gehaßt hat. Wäret ihr von der Welt, so hätte die Welt das Ihre lieb. Weil ihr aber nicht von der Welt seid, sondern ich euch aus der Welt erwählt habe, darum haßt euch die Welt. Gedenkt an das Wort, das ich euch gesagt habe: Der Knecht ist nicht größer als sein Herr.
Johannes 15,18–20

Unser Wort ist mitten hineingesprochen in die lebensgefährliche Täuschung der Christenheit, die auf Weltbeherrschung, aber nicht auf Weltüberwindung hinausgeht...

Das Lebensgesetz der Christen ist ein Sterbensgesetz. Ihr Dasein in der Zeit ist ein ständiges Schreiten zwischen Tod und Leben. Ähnlich Johannes 16,33: Nicht ihr, noch nicht ihr, wohl aber *Ich* habe die Welt überwunden, und dieser mein Sieg soll sich abspiegeln in euren Bedrängnissen...

Unser Wort will also sagen: Habt ihr das *Paradox* immer noch bei euch? Das Paradox, daß das Licht in die Finsternis scheint und die Finsternis es nicht begreift? Daß Gott die Welt geliebt hat und der Haß der Welt die Antwort auf diese Liebe ist? Wie kommt es denn, daß dieses Licht nicht die Finsternis vertreibt, diese Liebe den Haß nicht zerstreut? Wenn wir die Fensterläden am Morgen aufstoßen und das natürliche Sonnenlicht hereinflutet, muß die Finsternis fliehen, sie zerstiebt und löst sich in das auf, was sie ist, in das Nichts. Wie kommt es denn, daß die Strahlen des Evangeliums über den Erdball laufen und die Finsternis davor nicht zurückweicht, sondern allererst kräftig hervorbricht? Warum antwortet dem Ja Gottes nicht ein Ja der Welt?

Es ist gut, gerade am Sonntage vor Pfingsten darüber ein Wort zu sagen. Unser Text treibt uns mit seinem Paradox zu dem Ruf: Veni Creator Spiritus [Komm, Schöpfer Geist]!

Er ist ein echter, tauglicher Exaudi-Text. Es muß etwas vom Himmel her geschehen, so wie Ostern auch etwas von dorther geschah, vom Geist Gottes aus und durch dessen eben nicht schon mit unserer Predigt und unserer Theologie in eins zu denkendes Vermögen, damit das Nein zum Ja, damit der Haß verwandelt wird in Glauben. Der Paraklet [Tröster] Johannes 16,7 wird sie – die Welt – überführen! Das wird und soll von ihm her geschehen, weil die Welt – ihrer Natur nach – Nein sagen und Nein tun muß. Sie kann nicht anders. Daß sie nicht anders kann, hat sich ein für allemal gezeigt, als Jesus in ihr erschien.

Was damals geschah, bleibt Gesetz der von hier ausgehenden Geschichte, und alle Zeugen, alle Boten . . . unterstehen seinem Gesetz, nach dem sie angetreten sind. Jesu Geschichte wird zu ihrer, wird zu unserer Geschichte. Seine Boten sind doch nur Radien, Strahlen jenes einen Lichtes, Hinweis und Zeugen jenes einen Namens, in dem die Entscheidung Gottes mit der Welt ein für allemal gefallen ist, eine Entscheidung mit einem doppelten Gesicht: die endgültige Entscheidung der Welt gegen ihn und die ebenso endgültige Entscheidung des Vaters für die Welt in ihm. Hier liegt der Skopus [das Ziel] unseres Textes: Die Versöhnung gilt einer gottfeindlichen Welt.

I, 558.559

Pfingstsonntag

So seid ihr nun nicht mehr Gäste und Fremdlinge, sondern Mitbürger der Heiligen und Gottes Hausgenossen.
Epheser 2,19

So seid ihr nun nicht mehr Gäste und Fremdlinge – also das wäre eigentlich unsere natürliche Situation dem Volke Israel gegenüber, nicht etwa umgekehrt, wir sind als die Heiden hinzugekommen, es war schon längst ein Haus Gottes, ein Volk Gottes da, es war längst Gott offenbar in seinem Willen und seiner Verheißung, es war längst Offenbarung geschehen, es war, wie Luther gern sagt, Kirche da seit Beginn der Welt. Es war ein Volk da, das sich Gott zum Eigentum erwählt hatte und das er wunderbar geführt, mit dem er sich in einzigartiger Weise verbunden hatte, und alle diese Verheißungen, diese Namen und hohen göttlichen Prädikate sollen nun – euer sein.

Ihr tretet nun ein in eine besondere, neue, ganz und gar euch fremde Welt, in die Welt, da Gott mit seinen Knechten redet, handelt, sich ihnen naht und ganz nahe, ganz freundlich und barmherzig mit ihnen umgeht. Ihr tretet ein in die Welt Abrahams und Davids, in die Welt, aus der heraus der Psalter gebetet wurde, ihr tretet in die Welt, aus der Maria kam, aus der der Messias selbst als Herr dieses ganzen Hauses hervortrat.

Darum dürft ihr euch hier daheim fühlen, seid nicht mehr ... Fremdlinge in diesem Heiligtum, seid nicht mehr nur zu Gaste, wie wenn ein fremdes, schönes Land bereist wird und man doch weiß, daß man hier kein Heimatrecht hat, nein, alles dies ist euer. Denn ihr seid als Menschen, die den Ruf des Evangeliums vernommen haben, die vom Kreuz und vom offenen Grab herkommen, durch Gottes Gnade nun auch hier beheimatet. Es ist darum kein Wunder, wenn euch die Geschichte des alten Bundes neu und gegenwärtig aufgehen wird, wenn ihr die

Frucht pflücken dürft, die unter so viel Not und Dunkel gereift ist, es ist kein Wunder, wenn ihr, trotzdem euch alle sonstigen geschichtlichen, geistigen, rituellen Grundlagen fehlen, doch hier daheim seid, denn der Herr des Hauses hat euch selbst geladen, von den Gassen und Zäunen, gut und böse, so wie ihr seid, denn zu diesem Volk gehört man nicht durch den Adel der Geburt, sondern allein durch den gnadenvollen Ruf des Evangeliums.

I, 21

Pfingstmontag

Laßt uns aber rechtschaffen sein in der Liebe und wachsen in allen Stücken zu dem hin, der das Haupt ist, Christus.
Epheser 4,15

Rechtschaffen in der Liebe. Darauf sollte der Ton liegen. Man kann offenbar nirgends so leicht unrechtschaffen sein als in der – Liebe. Denn Liebe heißt ja danach trachten, daß der andere wachse in Christus. Liebe heißt den anderen von Christus her ansehen und ihn auf Christus hinführen. So ist die Liebe in der Gemeinde nicht einfach das Verhältnis der Glieder zueinander, sondern das durch Christus als den Sohn vermittelte Verhältnis der einzelnen Glieder. So allein fängt die Liebe an, wirksam zu werden, daß die ganze Gemeinde von Christus her alle Not gemeinsam trägt, daß sich jeder der Not des anderen in solcher Liebe mit unterzieht und die rechte communio sanctorum [Gemeinschaft der Heiligen] entsteht. . .

Denen da draußen mag es klingen wie ein Hohn, daß hier ein Kreis von Menschen steht, ein Leib, ein Organismus, der – mit der Liebe rechnet, nur mit ihr. Mitten in dieser Welt des Hasses und der Zerstörung. Wie kommen wir dazu? Wir haben eine schlichte Antwort: Gott ist die Liebe, und wer in der Liebe bleibt, der bleibt in Gott und Gott in ihm. Hören wir auf, mit der Liebe zu rechnen, lassen wir uns fallen und beginnen wir nun auch, zu Menschenverächtern zu werden und nur noch mit der »Bestie« Mensch zu rechnen, dann sind auch Gott und Christus, dann ist Kirche und Christentum nur noch ein Name ohne Sinn und Realität. So gewiß Gott kein leerer Schall ist und so gewiß das Kreuz wirklich auf dieser Erde aufgerichtet ist und von ihm aus die Wirkungen ausgegangen sind, die eben doch nie ganz aufhören, spürbar zu sein, so gewiß dürfen wir mit der Liebe rechnen als der großen und einzigen Realität, an die es sich zu glauben lohnt.

Sollten wir nicht so Pfingsten begehen, allem, was uns wankend machen möchte, zum Trotz: in solchem Glauben, in solcher Liebe und darum auch in einer Hoffnung, die nicht zuschanden wird?

I, 26

Trinitatis

Jesus antwortete und sprach zu Nikodemus: Wahrlich, wahrlich, ich sage dir: Es sei denn, daß jemand von neuem geboren werde, so kann er das Reich Gottes nicht sehen... Es sei denn, daß jemand geboren werde aus Wasser und Geist, so kann er nicht in das Reich Gottes kommen.
Johannes 3,3.5

Wiedergeburt bedeutet, daß die Identität des Selbstbewußtseins, auch die des *frommen* Selbstbewußtseins ..., kein Ausgangspunkt ist, um ihr *Wie* zu begreifen, die Gleichung Ich = Ich ist aufgehoben, Wiedergeburt heißt Ich = Nicht-Ich...

Nur so kann vom *Geist* die Rede sein. Er ist als *Gegner* auf dem Plan – was vom Geist her gesehen Geburt heißt, ist vom Fleische her gesehen Sterben. Geist heißt, daß jene Einheit, von der wir alle als einer konstanten ausgehen, die Einheit von Sein und Bewußtsein, aufgehoben ist. Geist heißt, daß ich mich nicht mehr an die Gleichung Ich = Ich klammere, weil ich einen anderen Halt gefunden habe: den Glauben, daß Gott Gott ist, daß ich einbezogen, eingeschlossen bin in diese *Treue* Gottes. Die *Einheit*, an die wir uns halten, wenn anders der Geist uns leitet, liegt in Gott und nicht im Menschen, denn Geist ist die praesentia Dei [Gegenwart Gottes] selbst...

Darum wiedergeboren aus *Wasser* und Geist. Wasser ist Untergehen, ist »begraben werden samt Christo in den Tod«, und Geist ist Auferstehen, ist Pfand des todüberwindenden Lebens...

Wir stehen immer wieder vor der uns in Jesus offenbar gewordenen Gnade fassungslos, weil wir nicht glauben können, daß *alles* an Gott liegt und daß wir nichts – keine Disposition von uns aus – zu dieser Neugeburt mitbringen. Wir möchten Gott »erleben« und müssen doch zuvor an ihm sterben. Denn wenn Gott der Heilige Geist die *ein-*

zige Antwort ist auf die Frage nach dem Hineinkommen in sein Reich, dann bleibt uns nichts anderes übrig, als zu bitten: Veni creator spiritus [Komm, Schöpfer Geist]. . .

I, 224.225.226

1. Sonntag nach Trinitatis

Das Himmelreich gleicht einem Senfkorn, das ein Mensch nahm und auf seinen Acker säte; das ist das kleinste unter allen Samenkörnern; wenn es aber gewachsen ist, so ist es größer als alle Kräuter und wird ein Baum, so daß die Vögel unter dem Himmel kommen und wohnen in seinen Zweigen.
Matthäus 13,31.32

Die Auslegung unserer Stelle wird sich vor allem davor hüten müssen, nicht in irgendeine billige Rationalisierung zu verfallen, etwa in dem Sinne, daß die Geschichte des Reiches Gottes von den kleinsten Anfängen zu den gewaltig-weltumspannenden Wirkungen weitergeht bzw. weitergegangen ist. . .

Der Ton liegt ganz und gar auf dem *Geringen, Kleinen*. Das Paradox muß gesehen werden. . . Es geht Jesus darum, den Glauben zu wecken, deutlich zu machen, daß in seinem Wort, in seinem Tun die Entscheidungen der Gottesherrschaft fallen und gefallen sind. . .

Wo immer das Wort ist, da bahnen sich die weltumspannenden Wirkungen an, und zwar das Wort als Wort vom Kreuz, von der Rechtfertigung, von der Torheit Gottes. Darum steht in unseren Gottesdiensten das Wort im Mittelpunkt, darum muß eben doch die Predigt und die Theologie, die verachtete, selbst in der Kirche verachtete Predigt und Theologie, das sein, worauf sich die Hoffnung aller zu richten hätte.

I, 30.31

2. Sonntag nach Trinitatis

Und es begab sich, als er zu Tisch saß im Hause, siehe, da kamen viele Zöllner und Sünder und saßen zu Tisch mit Jesus und seinen Jüngern. Als das die Pharisäer sahen, sprachen sie zu seinen Jüngern: Warum ißt euer Meister mit den Zöllnern und Sündern? Als das Jesus hörte, sprach er: Die Starken bedürfen des Arztes nicht, sondern die Kranken... Ich bin gekommen, die Sünder zu rufen und nicht die Gerechten. Matthäus 9,10.11.12.13

Diese Geschichten sind wie Gemälde, an denen das eine große Thema von der göttlichen Gerechtigkeit anschaulich wird, an denen man den Menschen wie Kindern an der Bilderfibel das eigentliche Geheimnis dieser Theologie anschaulich machen kann...

Wer davon predigt, der müßte dieses Tun und diesen Weg des Herrn Christus so anschaulich und bewegend ausmalen, daß wir ihn sehen können, wie er in die Zerklüftungen, in das Richten und Verdammen dieser Welt hineintritt und sein eigenes, göttliches, barmherziges Gericht hält, über dem sich auf einmal alles umkehrt, über dem die Letzten die Ersten werden und die Ersten die Letzten, über dem die Gerechten mit ihrer Gerechtigkeit als die Gott-losen dastehen, die Leute, die eben nicht Gott in ihrer Mitte haben, sondern ihre eigene Gerechtigkeit, und über dem Sünder die Gerechten sind, einfach darum, weil Christus seinen Thron unter ihnen aufschlägt und sich nicht schämt, ihr Bruder zu heißen...

Das ist die Gerechtigkeit Gottes, die man haben muß, wenn man selig werden will, sie und keine andere. Und das ist das Kreuz, das der Welt zum Ärgernis gesetzt ist, denn das Kreuz heißt ja eben, daß Christus unter die Sünder und Gottlosen gerechnet wurde... Und das ist das große Freudenmahl, zu dem alle geladen sind, das Abendmahl des Herrn, bei dem er sich uns opfert, denn seine Gegenwart unter den Sündern, seine praesentia [Gegenwart], bedeutet ja remissio peccatorum [Vergebung der Sünden], ist die neue Welt Gottes und das neue Leben. I, 33

3. Sonntag nach Trinitatis

Zu der Zeit wirst du sagen:
Ich danke dir, Herr, daß du bist zornig gewesen über mich
und dein Zorn sich gewendet hat und du mich tröstest.
Siehe, Gott ist mein Heil,
ich bin sicher und fürchte mich nicht;
denn Gott der Herr ist meine Stärke und mein Psalm
und ist mein Heil. . .
Jauchze und rühme, du Tochter Zion;
denn der Heilige Israels ist groß bei dir!
Jesaja 12,1.2.6

Dieses Lied muß allemal da wiederkehren, wo Gott Gott ist, wo sein Zorn sich wendet, wo er die, die »nichts als Zorn verdienet«, unbegreiflich und unerwartet begnadet und zu sich nimmt. . .

Wir haben es hier zu tun mit dem Anklingen und Aufklingen des immer wiederkehrenden *Lobgesanges*, der aus der Tiefe der Anfechtung, aus dem Infernum der Gerichte Gottes für die Welt und ihre Völker wunderbar und unbegreiflich aufsteigt. Immer wieder ist dieses Lob Gottes auf dem Plan, und während die Engel Gottes ihre Zornesschalen vom Himmel herab leeren, erklingt mitten hinein die Stimme: »Halleluja, denn der allmächtige Gott hat das Reich eingenommen. Lasset uns freuen und fröhlich sein und ihm die Ehre geben« (Offb 19,6f).

Hier wäre zunächst einmal zu fragen, ob auch heute unter uns so etwas zu vernehmen, wenigstens aus der Ferne – auf jenen Tag hin! – zu vernehmen ist? Ob wir eben diese Funktion erfüllen, die der *Gemeinde* Gottes – »der Heilige Israels ist groß bei dir!« – mitten in seinen Gerichten zugefallen ist? Hören wir etwas von *dieser* Stimme, die hier zu vernehmen ist, sehen wir hier Menschen versammelt, die nach der Hand dessen greifen, der sie geschlagen hat? Ist hier etwas zu spüren von dem »confugere a Deo ad Deum« [vor Gott fliehen – zu Gott hin] (Luther), welches doch wohl die Kunst, die *ein-*

zige Kunst des Glaubens ist, sein Sieg, dem hernach alle anderen Siege folgen müssen? . . .

Was heißt denn dieser Eingang des Psalms: »an jenem Tage«? . . . Nicht . . . das Ende der fühlbaren, sichtbaren und allen geradezu physisch spürbaren Gerichtsperiode Gottes wird das Ende der Nacht sein, sondern »tagen« über euch wird es erst dann, wenn ihr sagen könnt: »Ich danke dir, Herr, daß du zornig gewesen bist über mich!« Solange wir das nicht sagen, das nicht »bekennen« (das hebräische Wort bedeutet loben und »seine Sünde bekennen« zugleich), ist die Nacht nicht vorüber, ist oben, bei Gott, wie unten, bei den Menschen, »Schweigen« trotz aller Worte, die wir machen.

Gott will von uns bejaht sein in seinem Zorn, nicht von Menschenhand sollen wir nehmen, was uns getroffen hat, sondern aus *seiner* Hand. Es ist wirklich kein Unglück in der Stadt, das der Herr nicht tut! Also nicht an seinen Gerichten vorbei, sondern durch sie hindurch werden wir Gott finden – das sagt unser Psalm. . .

Hier stoßen wir auf das seltsame »mein«. Gott ist »mein Heil«, »meine Stärke«, »mein Lied«. Wo das geglaubt und bekannt wird, da kündet sich offenbar die Wende an. Aus dem Gott, der hinter den Dingen steht, der sich verbirgt, von dem man nicht weiß, ob er ein Gott oder ein Dämon ist, aus diesem unheimlichen Wesen »dahinter« wird »mein Gott«! Das nennt die Schrift: Glauben. Gott tritt heraus aus der Maske, aus dem Vorhang der Kreaturen und zeigt sich, wie er an sich selbst ist. Er begegnet uns im *Worte.* Das heißt: Er bricht sein Schweigen, und sein Schweigen ist sein Zorn. Aber dieses »mein« ist nicht so leicht zu erreichen. . . Denn es gibt ja auch ein natürliches, ein jedem Menschen, der sich in seiner Ohnmacht nach Hilfe umsieht, naheliegendes »mein«. Das »mein« der Heiden, die ihre Götter ihren Wünschen untertan machen. Und richtet sich nicht gerade gegen dieses »mein« Gottes Zorn? Sprengt er nicht gerade diese Ketten, mit denen der Mensch ihn an sich binden möchte? Denn unser natürliches, fleischliches, am Kreuz (und das heißt am Gericht) vorbeizielendes, erschlichenes »mein« möchte Gott immer in seinen *Gaben* haben. Darum bricht der Zorn Gottes denn auch immer auf an seinen Gaben. Der Zorn Gottes wird immer da erfahren, wo er nicht er selbst ist! Alle Welt, alles, was

Gott geschaffen hat, kann sozusagen »brennen«, Gottes Zorn kann alles Gut in ein Übel, alle Freude in Leid verwandeln, und er muß es dahinein verwandeln, weil wir sonst Gott *nie* finden können. Nur *eins* wandelt sich nie: Gott selbst. Gott in seinem Wort. Gott in seinem Gnadenbund. Gott, wo er selbst ist, ist *immer* Gnade. Das lernen heißt glauben! Gott also da suchen lernen, wo er ohne das Mittel der Kreatur mit uns handelt, er ganz er selbst, gleichsam heraustretend aus dem Vorhang des Geschaffenen, sich uns zeigend, wie er ist! »An jenem Tage« werdet ihr sagen können: »Gott ist mein Heil.«

I, 347.348.349.350

4. Sonntag nach Trinitatis

Seid barmherzig, wie auch euer Vater barmherzig ist.
Lukas 6,36

Gott ist barmherzig. Wir – obschon wir Staub und Asche sind – dürfen teilhaben an dem, was er ist. Weil also Gott in seinem Erbarmen uns in sich, in sein Leben, Tun und Offenbaren, in sein Schaffen, Umschaffen, Vergeben und Erretten einbezieht, darum können wir auch nicht mehr »für uns«, in der Isolierung des »An-und-für-sich« leben. Wir leben ja alle davon, daß Gott, ungeachtet unserer Undankbarkeit und Verkommenheit, die Welt nicht regiert nach Recht und Vergeltung (wie wir das tun, wenn wir Götter spielen) . . ., sondern »daß seine Barmherzigkeit noch kein Ende hat«, wobei jedes Wort in diesem kleinen Satz, auch das »noch«, bedacht sein will.

Könnten wir von hier aus denken, also von da aus, daß Gott barmherzig ist, daß alles, unser Sein und unser Erlöst-Sein, dies bezeugt und unter Beweis stellt, dann würden wir gewiß die tiefe, sich immer wieder gegen den Richter kehrende Problematik des Richtens begreifen, wir würden von uns aus mithelfen, daß die Umkehrung herbeigeführt wird, daß *Gnade* vor Recht kommt, Evangelium vor dem Gesetz, Erbarmen vor dem Verurteilen, und würden so die Sache des Höchsten als unsere eigenste Angelegenheit fördern und vertreten.

I, 236

5. Sonntag nach Trinitatis

Und als er aufgehört hatte zu reden, sprach er zu Simon: Fahre hinaus, wo es tief ist, und werft eure Netze zum Fang aus! Und Simon antwortete und sprach: Meister, wir haben die ganze Nacht gearbeitet und nichts gefangen; aber auf dein Wort will ich die Netze auswerfen. Und als sie das taten, fingen sie eine große Menge Fische, und ihre Netze begannen zu reißen. Und sie winkten ihren Gefährten, die im andern Boot waren, sie sollten kommen und mit ihnen ziehen. Und sie kamen und füllten beide Boote voll, so daß sie fast sanken. Als das Simon Petrus sah, fiel er Jesus zu Füßen und sprach: Herr, geh weg von mir! Ich bin ein sündiger Mensch. Denn ein Schrecken hatte ihn erfaßt und alle, die bei ihm waren, über diesen Fang, den sie miteinander getan hatten.
Lukas 5,4–9

Man weiß nicht, worüber man mehr staunen soll, über den »Fischfang« oder über dies Bekenntnis des erfolgreichen Petrus.

Wie viele Menschen (auch und gerade unter den Frommen!) erfahren ähnliches Glück und Gelingen, aber sie schreiben Gottes Gabe ihrem Gehorsam und ihrem Fleiß zu, ihrem Glauben und ihrer Treue. Das Bekenntnis des Petrus macht einen dicken Strich durch alles derartige Rühmen und alle Selbstbewertungen angesichts von Erfolgen; er kann, was kein Mensch von Natur in solcher Lage vermag: Er kann angesichts der Größe und Macht Gottes seine Sünde bekennen. Ihm ist mit dem »Fischfang« zugleich das »magnificare peccatum« [die Sünde groß machen] geschenkt, und erst so wird er ein »wahrer Mensch«. Denn mag auch die Sünde selbst als Perversion des Menschen wirksam werden, das Bekenntnis derselben ist keine Perversion, keine Unnatur des Menschen, sondern sein Wahrwerden, sein Sichselbst ganz und gar Gott Überlassen! . . .

Nicht Fische, wie sie jene armen Fischer oft genug gefangen haben, zerreißen hier die Netze (d.h. sprengen die gewöhnlichen Mittel, mit denen wir das Gegebene begreifen), sondern auf einmal sind sie Fische Gottes, Erweis seines Vermögens und seiner Nähe! Es könnte doch durch Jesu Befehl (Gebot!) das Glück, das Gelingen, der Erfolg auch für uns – eben nicht »immer«, sondern dann und wann, und zwar kraft des Gebotes – dieselbe Bedeutung haben, daß wir es auf einmal begreifen: *Dieser* Fang, *diese* Tat, *dieses* unerwartete Gelingen ist Gottes, ist nicht unser Werk! Es könnten auch uns die Wunder äußerer Lebensrettung und die Hilfe Gottes zu dem großen Erstaunen führen, daß Gott nahe ist! Nur wo das Wunder so über uns kommt, wo es so gesehen und erfaßt wird aus der Distanz des sich-selbst-sehenden, sich-selbsterkennenden Menschen – da ist es wirklich im Geist erfaßt und begriffen...

Dabei wird man auch dieses Bekenntnis des Petrus nicht nur als eine Aussage über sich selbst werten dürfen, denn jedes echte Sündenbekenntnis greift weit über das Individuum hinaus. Nur sofern wir moralistisch befangen sind, erwarten wir eine »Aufzählung«, eine Veranschaulichung des Sünderseins an bestimmten Taten und Handlungen. Aber die Schrift ist in dieser Hinsicht sehr zurückhaltend! Es geht ihr beim Sündenbekenntnis gerade *nicht* um bestimmte Taten und Gedanken, sondern um den Schmerz, daß Gott und Mensch nicht in einer Welt leben, nicht miteinander existieren können! Das ist das Furchtbare. Und in dem Augenblick, da der Mensch erkennt, was Menschsein heißt, weiß er sich eins mit allen, die je gefallen sind, mit den Schwachen und den Starken, mit den Unreinen und Aufrührerischen, mit den Klugen und den Dummstolzen, er begreift in sich die *ganze* Menschheit und sich selbst als eine ihrer möglichen Ausprägungen. Darum bekennt er diese seine »innere« Unmöglichkeit, die ihm durch die Erscheinung *Jesus* offenbar wird.

»Schrecken war über sie alle gekommen.« Jetzt erst ist Jesus wirklich für sie *Jesus*; ein unerklärliches, rätselhaftes, unergründliches Ereignis aus der Höhe, mitten in unserer Welt, mitten in der Arbeits- und Lebenswelt, in der wir so sicher dahinlebten! Jetzt erst begreifen wir, daß mit Jesus die große Störung Gottes in unser Dasein eingetreten ist. Ohne ihn könnten wir auch ohne Gott sein. Aber ER ist das Ende aller Gottesferne, aller ohne ihn noch tragbaren Gottlosigkeit.

I, 452.453

6. Sonntag nach Trinitatis

Ihr sollt euch nicht Schätze sammeln auf Erden, wo sie die Motten und der Rost fressen und wo die Diebe einbrechen und stehlen. Sammelt euch aber Schätze im Himmel, wo sie weder Motten noch Rost fressen und wo die Diebe nicht einbrechen und stehlen. Denn wo dein Schatz ist, da ist auch dein Herz. . . Ihr könnt nicht Gott dienen und dem Mammon.
Matthäus 6,19.20.21.24

Jesus weiß offenbar, daß, wo der Himmel aufhört, eine Realität des Herzens zu sein, der Mammon siegen muß. Er weiß, daß, wo das Bleibende, Beständige, Wahre nicht mehr in Gott und von Gott her gesucht und erwartet wird, das Herz des Menschen von anderswoher dieses »Bleibende« sich suchen muß. Vielleicht heißt »Mammon« geradezu – Gelehrte des 16. Jahrhunderts haben das vermutet – das Konstante, das, was den Wechsel überdauert. Vielleicht ist Mammon der Inbegriff dessen, daß der Mensch versucht – der Mensch, für den der Himmel aufgehört hat, eine Realität des Herzens zu sein –, nun hier auf Erden das Bleibende sich zu verschaffen, das, was ihm vergessen hilft, daß er nicht bleiben kann. . .

Ihr *könnt* nicht Gott dienen und dem Mammon. Es wäre eine große Sache, wenn wir begriffen hätten und . . . nun auch begreiflich machen könnten, was für eine Verheißung in dem Ganzen liegt, welche Tür zur Freiheit uns Jesus hier auftut. Denn dazu ist ja Jesus mitten unter uns, um unser Herz wieder an Gott zu binden, uns Gott so nahe zu bringen, daß unser Herz hier – und hier allein – seinen Frieden findet. Wo das geschieht, da ist auch das andere bereits entschieden, da ist der Platz, den der Mammon einnehmen möchte, besetzt, da ist sein Thron gestürzt, seine Macht verächtlich geworden, da werden wir lernen, auch mit dieser Größe umzugehen, wie wir mit allen irdischen, nützlichen, vergänglichen und darum uns nicht mehr bezaubernden Gütern umgehen.

Siegt Gott – und Jesus Christus bedeutet ja, daß Gott gesiegt hat, für uns, über uns, vor unseren eigenen Augen! –, dann ist offenbar, warum Jesus nicht sagt: Ihr sollt nicht Gott dienen und dem Mammon, sondern: Ihr könnt nicht. Dank der Gnade Gottes könnt ihr nicht! Wenn wir doch nicht immer wieder versuchten, zu können, was wir eben nun, dank der Gnade Gottes, nie und nimmer können werden!

I, 84.85

7. Sonntag nach Trinitatis

Und als er das Volk sah, jammerte es ihn; denn sie waren verschmachtet und zerstreut wie die Schafe, die keinen Hirten haben.
Matthäus 9,36

V. 36 zeigt uns Jesus, wie er auf die Menge sieht, oder besser noch die Menge im Auge Jesu. Ihre Beschreibung ist die Gestalt, die seine Barmherzigkeit an ihr sieht. Daß des Volkes Sünde und Gottlosigkeit *so* gesehen wird, ist schon der Erweis der Barmherzigkeit Gottes an ihm. Es wird offenbar, was fehlt: der Hirte! Die Not, von der die Rede ist, ist also keine vorfindliche Sache – . . . die Menge selbst wird sich nicht so verstanden haben –, sondern es ist die Entdeckung des Erbarmens. So sieht der Mietling seine Herde nicht. Indem Jesus das Volk, in dem er arbeitet, so sieht und dementsprechend an ihm handelt, erweist er sich als der gute Hirte, als der wahre Messias.

II, 19

8. Sonntag nach Trinitatis

Sollen wir denn in der Sünde beharren, damit die Gnade um so mächtiger werde? Das sei ferne! ...
Sollen wir sündigen, weil wir nicht unter dem Gesetz, sondern unter der Gnade sind? Das sei ferne! ...
Sondern gebt euch selbst Gott hin, als solche, die tot waren und nun lebendig sind. .. Als ihr Knechte der Sünde wart, da wart ihr frei von der Gerechtigkeit. Was hattet ihr nun damals für Frucht? Solche, deren ihr euch jetzt schämt; denn das Ende derselben ist der Tod. Nun aber, da ihr von der Sünde frei und Gottes Knechte geworden seid, habt ihr darin eure Frucht, daß ihr heilig werdet; das Ende aber ist das ewige Leben. Denn der Sünde Sold ist der Tod; die Gabe Gottes aber ist das ewige Leben in Christus Jesus, unserm Herrn.
Römer 6,1.2.15.13.20.21–23

Die Libertinisten in Rom ... unterschieden zwischen der objektiven Realität der Sünde (mit all ihren sozialen, politischen und leibhaft-sinnlichen Auswirkungen) und dem personalen, auf den Menschen in seinem »Gottesverhältnis« gegründeten *Gnadenbewußtsein*!

Das ist aber genau das, was heute weithin ... in unseren Predigten geschieht. Resignation gegenüber der Realität von Sünde und Tod in der Welt, nach Art von Gefangenen, die sich daran gewöhnt haben, das Gefängnis, in dem sie leben, für den normalen Aufenthaltsort des Menschen zu halten – und zugleich Erhebung zur *Gnade* als den für den einzelnen in seiner persönlichen Misere jederzeit offenstehenden *Trost*. .. Da ist dieser bereits in der Gnadenlehre steckende Kompromiß mit der *Sünde*, der ... niemals zu dulden ist. Denn er führt zu einer letzten Endes *gottlosen* Gnadenlehre (es gibt so etwas!). ..

Es handelt sich ... um dieselbe Frage, die in der Reformation eine so wichtige Rolle spielen sollte: an fides possit stare cum peccato mortali [ob der Glaube mit der Todsünde zugleich bestehen könne]! Ob also ein und derselbe

Mensch in beiden Machtbezirken leben kann, als neuer Mensch unter der Herrschaft Christi und als alter Mensch (wofür wir dann einsetzen können: als Politiker, als Nationalist oder Kommunist, als Geld- und Wirtschaftsmensch, als Sozialist oder Konservativer, als Weib und Mann usw.) unter der Herrschaft der Sünde und des Todes. . . In dem Moment, da Gott selbst auf den Plan tritt, kann sich Sünde und Tod nicht mehr behaupten. . .

Solange wir der Totalität der Sünde nicht die Totalität der Gnade entgegenstellen, sondern den im wahrsten Sinne des Wortes hoffnungslosen Versuch machen, die Wirklichkeit, in der wir leben, zwischen beiden aufzuteilen, werden wir uns nicht »als die von den Toten Auferstandenen« Gott zur Verfügung stellen können – diesseits der Todeslinie, in dem Grau in Grau menschlicher Sittlichkeit und Moral wäre der bloße Gedanke daran, wir könnten uns Gott mit unseren Gliedern zum Dienst anbieten, Vermessenheit. . . Gnade Gottes bedeutet nach allem, was Paulus hier sagt, daß wir von *jenseits* des Todes her denken, leben und handeln dürfen! Daß die *Freiheit*, in der wir uns Gott zur Verfügung stellen, und zwar in dem Bereich, wo wir etwas zu verfügen haben, nämlich in dem unserer »Glieder«, aus jener Wirklichkeit stammt, wo der »Tod nicht mehr herrscht« (V. 9). . .

Es geht darum, ob wir, wenn wir *Gnade* sagen, die Gnade *Gottes* meinen, die uns in Jesus Christus sterben und auferstehen ließ, so daß wir – jetzt schon – in der *Neuheit des Lebens* wandeln. . . Gnade heißt, daß wir einbezogen sind in den Todessieg Jesu. . . Wenn Gnade heißt: Gott mit uns!, dann heißt Heiligung: Wir mit Gott! . . .

Weil das Leben, dem wir entgegengehen, wirklich Leben ist, darum sind auch die Früchte einer solchen »Lebensbewegung« gute und unser Zutrauen verdienende Taten. Es ist nicht alles sinnlos, was wir tun. Nein, es ist nichts mehr sinnlos, was in und unter dieser Gnade geschieht. Mag es nun unser Leben, mag es unser Sterben sein. Tod und Leben bestimmen nicht mehr Sinnlosigkeit und Sinnhaftigkeit des Daseins – sondern die *Gnade Gottes* in Jesus Christus. Sie allein.

I, 263.264.265.266 (aus der Meditation zum 7. Sonntag nach Trinitatis)

9. Sonntag nach Trinitatis

Das Himmelreich gleicht einem Schatz, verborgen im Acker, den ein Mensch fand und verbarg; und in seiner Freude ging er hin und verkaufte alles, was er hatte, und kaufte den Acker. Wiederum gleicht das Himmelreich einem Kaufmann, der gute Perlen suchte, und als er eine kostbare Perle fand, ging er hin und verkaufte alles, was er hatte, und kaufte sie.
Matthäus 13,44.45

Es muß offenbar werden, wer der Schatz im Acker, wer die kostbare Perle in Wahrheit ist. Sobald das offenbar wird, *sprengt* die Wirklichkeit der Offenbarung Gottes in Jesus Christus das Gleichnis. Dann sind wir es nicht mehr, die suchen und kaufen, sondern wir sind gesucht und wir sind erkauft, ehe denn wir anfangen, uns in derselben Richtung zu bewegen, wie von Gott aus in Jesus Christus die rettende Bewegung auf uns hin geschehen ist.

Gleichwohl haben die *beiden* Gleichnisse etwas sehr Bedeutsames zu sagen. Sie schildern zwei *Menschen*, das heißt, sie schildern . . . eine . . . Lebensbewegung, die wir verstehen, nachvollziehen und in der wir uns selbst befinden können, sei es im Glück dessen, der etwas gefunden hat, was ihn reich und besitzend macht – sei es im Eifer des anderen, der etwas sucht, das alles übersteigt, was er hat und besitzt. Der eine ist im Verhältnis zu Gott der Besitzende, der andere der Suchende, und doch vollziehen beide Menschen dieselbe Bewegung. Die Lebensbewegungen gehen beide vom Evangelium aus und auf das Evangelium zu. . . Gott führt die Menschen nicht so zu sich, daß des einen Weg zu ihm auch der des anderen sein müßte. . .

[Die einen] wissen, daß alles, was sie haben, nichts ist und nichts bedeutet gegenüber dem, was sie eben *nicht* haben, was man in dem Sinne eines Besitzes überhaupt nicht haben kann. Sie führt die Frage nach Gott weit hinaus über alles, was sie haben und können. Das sind die Menschen, die die gleiche Bewegung ausführen wie jener Perlenkaufmann, der dann, als er fand, was er gesucht hatte, auch bereit war, alles dafür wegzugeben...

Anders der Ackermann, der den Schatz unversehens findet... Das Evangelium von Jesus Christus kann dem Menschen aufgehen wie eine plötzliche Entdeckung, auf die er gar nicht vorbereitet war, die ihn so froh macht, daß er hingeht, nicht als ein Suchender, sondern als einer, der gefunden hat, der aber weiß, daß es jetzt gerade gilt, erst zu erwerben, was man hat. »Schaffet eure Seligkeit mit Furcht und Zittern« (Phil 2,12).

Darum die »guten Werke«. Sie sind eigentlich nichts anderes als die freudige In-Besitznahme des Schatzes, der bereits unser ist; den Schatz als solchen kann der arme Mann nicht bezahlen, aber den Acker kann er erwerben. So verdienen unsere guten Werke nicht das, was Gott für uns getan hat, das bleibt immer Geschenk und Gnade, aber für den Acker meines Lebens, in dem dieser Schatz als dessen Wert und Sinn verborgen ist, müssen diese Leistungen getan werden, damit der Schatz mein eigen werde. Sie stellen nicht in Frage, was ich gefunden habe, aber dienen der Gewißheit des Heils, die immer aufs neue meine eigene Lebensgewißheit werden will und muß.

I, 657.658

10. Sonntag nach Trinitatis

Paulus und Barnabas aber sprachen frei und offen: Euch mußte das Wort Gottes zuerst gesagt werden; da ihr es aber von euch stoßt und haltet euch selbst nicht für würdig des ewigen Lebens, siehe, so wenden wir uns zu den Heiden. Denn so hat uns der Herr geboten: »Ich habe dich zum Licht der Heiden gemacht, damit du das Heil seist bis an die Enden der Erde.«
Apostelgeschichte 13,46.47

Das Verstockungsmotiv, erstmalig Jesaja bei seiner Berufung als Last mit auferlegt, von Jesus in seinen Gleichnisreden aufgenommen, durchzieht die Missionspredigt des ganzen Neuen Testaments. Die einen müssen blind werden, damit die anderen sehend werden. Das ist in Wahrheit ein furchtbares Verhängnis. Aber es ist so.

Auch die Reformation muß so verstanden werden. Wer weiß, ob wir nicht heute in einer ähnlichen Phase stehen. Vieles deutet darauf hin. Wenn wir uns des ewigen Lebens nicht wert achten, wenn wir es verwerfen, weil uns Traditionen und Dogmen mehr wert sind als das uns geltende, uns rettende – wir »Christen« müssen auch »gerettet werden«! – Evangelium von der Gnade Gottes in Jesus von Nazareth, dann wird es weiterwandern. Es gibt noch andere Ährenfelder als die der verbrauchten europäischen Nationen. Das Wort geht *seinen* Weg, und die Verwerfung durch die Juden ist die Erwählung der Heiden. Es könnte sein, daß Gott seinen Leuchter auch von uns wegnimmt, um ihn ganz woanders, wo er neu brennen und neu leuchten wird, wieder aufzustellen. Was ist schon ein Licht unterm Scheffel?

Paulus wußte, wie Gesetz und Tradition den Verstand und das Verstehen verfinstern und wie etwas von oben her geschehen mußte, damit ihm die Schuppen von den Augen fielen und er, nicht aus eigener Vernunft noch Kraft, an Jesus, den in Jerusalem Gekreuzigten, als den Messias glauben lernte.

I, 695

11. Sonntag nach Trinitatis

Und Jesus ging ringsum in alle Städte und Dörfer, lehrte in ihren Synagogen und predigte das Evangelium von dem Reich und heilte alle Krankheiten und alle Gebrechen.
Matthäus 9,35

Jesus verbietet uns, die große leibliche, soziale, wirtschaftliche Not der Massen links liegenzulassen, als ginge sie uns nichts an, als könne man auch abgesehen davon das Evangelium vom Reich hören und glauben! Jesus verbietet uns, diese Notlage als eine von *Gott* her sanktionierte und wohl gar zu sanktionierende anzusehen. Sie gehört vielmehr auch zu den »gottlosen Bindungen«, aus denen uns Jesus befreien will.

Jedermann, der hier sein Werk tut, könnte sich als »Arbeiter« an dem Werk verstehen, das Christus mit seinem Leben und Sterben, mit seiner Sendung in die Welt begonnen hat. Warum versteht der Arzt, der Sozialist, der Politiker, der Bürgermeister einer Stadt, der Minister eines Staates nicht von hier aus den Auftrag und die Verheißung seines »Berufs«? »Er heilte allerlei Seuche und allerlei Krankheit im Volke!«

Es könnte sein, daß von daher die Werkleute Jesu sich neu untereinander verstehen lernten, als Jünger eines Herrn, als Arbeiter an einer Sache, über die Grenzen der Parteien, der Staaten, der Stände und Klassen hinweg. Es könnte sein – warum ist es nicht? Könnten wir nicht begreifen, daß wir im Kampf gegen die Krankheit, im Bemühen, das Elend der Massen zu bessern, die Bildung der Menschen zu heben, die Gerechtigkeit für die Armen und Schwachen geltend zu machen, die Arbeit fortsetzen, die Jesus begonnen hat? Könnten wir nicht glauben, daß wir [dabei] in dem *Dienst* dieses Herrn . . . stehen?

I, 92

12. Sonntag nach Trinitatis

Das Lied Hiskias
Ich sprach: Ich muß gehen im Mittag meines Lebens,
entboten bin ich zu Scheols Toren [zu den Toren der Unterwelt]
für den Rest meiner Jahre.
Ich sprach: Nicht werde ich Jahwe sehen
im Lande der Lebendigen,
nicht mehr erblicken einen Menschen
bei den Bewohnern der Welt...
Es tränen meine Augen zur Höhe.
Jahwe, nimm dich meiner an.
Was soll ich reden und ihm sagen?
Da er es getan.
Es floh all mein Schlaf
ob der Bitterkeit meiner Seele.
Herr, Kunde gibt dir davon mein Herz...
Und jetzt, halte zurück meine Seele
von der Grube der Vernichtung
und wirf hinter deinen Rücken alle meine Sünden...
Nicht harren die zur Grube Fahrenden deiner Treue.
Wer lebt, lebt, der lobt dich, wie ich heute.
Jes 38,10.11.14–18 (Übersetzung von H.J. Iwand)

Hiskia *erleidet* das Sterben als die Nähe einer entsetzlichen, nichtigen, gottlosen Macht. Er erleidet die Widergöttlichkeit des Todes. Im Alten Testament schmecken die Menschen den Tod als das Zerbrechen des Lebens- und Gnadenbundes. So hat Jesus den Tod zu schmecken bekommen. Es geht eine gerade Linie vom Gebet des Hiskia hin zu dem Schrei des Herrn am Kreuz...

Weil Gott das Leben ist, darum ist der Tod jene unvorstellbare Wirklichkeit, wo wir Gott nicht sehen, nicht loben, nicht zu seinem Gottesdienst uns sammeln, wo Gott und der Mitmensch von uns genommen sind... Grauenvollstes Alleinsein – das ist der Tod als Gottes Zorn. Etwas von solchem Tode bekommen wir in jeder Anfechtung zu schmecken. In der Sünde und in der Verzweiflung, wenn wir nicht mehr beten können, wenn wir uns einem nackten, unerbittlichen Fatum [Schicksal] preisgegeben fühlen, in der Determiniertheit [Begrenztheit] des allgemeinen oder des einzelnen Schicksals sind wir alle bereits »vom Tode umfangen«...

Die Wendung setzt damit ein, daß der Leidende sich losreißt vom Leben, das ihm entschwindet, und sich Gott in die Arme wirft, der ihm nicht entschwindet... Der wahre, lebendige Gott ist nicht dadurch, daß ich bin, er ist nicht nur für mich, sondern er ist zunächst und vor allem *für sich*! Und darum und so kann er dann auch, wenn alles andere sinkt, für mich der Halt des Lebens sein...

Wie kann man zu Gott beten, wenn man weiß, daß das Leiden von ihm herkommt? »Ist auch ein Unglück in der Stadt, das er nicht tue?« (Am 3,6) Das gilt nicht nur für das Leiden des einzelnen, sondern ebenso für den Untergang eines Volkes, das darin Gottes Gericht zu spüren bekommt. Beten heißt dann: den Gott herbeirufen, sich dem anvertrauen, der dieses furchtbare Unheil über uns hat kommen lassen. Das tun die wenigsten! Darum ist unser Beten und Predigen oft so leer. Wir brechen nicht durch, durchs Gericht zur Gnade, durch den Zorn zum Erbarmen. Es nützt nichts, den Zorn zu umgehen, sich zwei Götter, einen »zornigen« und einen »barmherzigen«, einen »geschichtlichen« und einen »privaten«, einen »verborgenen« und einen »offenbaren«, zu erdichten, sondern es gilt im Glauben mitten hindurchzubrechen und die Hand dessen zu erfassen, der uns zu Boden schlägt. Beten heißt also: eben diesen mich heimsuchenden Gott *wollen*! Bei ihm – trotz allem – Zuflucht suchen! Ihm rechtgeben.

»Es floh all mein Schlaf ob der Bitterkeit meiner Seele«. Das heißt ja wohl, daß in solcher Not und Anfechtung der Mensch aus sich selbst keine Kraft findet, sich zu Gott zu erheben. Der Durchbruch zu Gott will nicht gelingen... Aber es ist schon der erste Schritt zum Sieg, wenn ein Mensch bekennt, wie es um seine Seele steht. Dann ist er nicht mehr mit sich allein, sondern Gott ist zwischen ihm und seiner Bitterkeit... Mehr kann ein Mensch in solcher Not und Bitterkeit nicht tun als vor dem Herrn sagen, wie es um ihn steht. Er ist ein schlechthin Flehender, aus einem Verbitterten ein Bittender geworden...

Das im Tode über uns hereinbrechende Nichts hat offenbar etwas zu tun mit der anderen Tatsache, daß unsere Sünden vor Gottes Angesicht stehen (gerade dann, wenn sie nicht vor meinem Angesicht stehen). Daß Gott meiner Sünde »nicht gedenkt«, ist nicht nichts, sondern bedeutet für mich das *Leben*...

»Wer lebt, lebt, der lobt dich, wie ich heute.« Gott und das Heute sind dem Beter wiedergeschenkt. Beides wird zugleich verloren und zugleich wiedergefunden. Niemand kann Gott finden, ohne sein Heute im Lob zu ihm zu leben... Wo Gottes Gnade und meine Sünde in einem Heute zusammenfallen, da ist Heilszeit. Aber es darf nicht übersehen werden, daß zuerst *Gott* ein *Heute* setzt und mein vergängliches, von Tod und Sünde gezeichnetes Heute in diesem nunc aeternum [ewigen Heute] seine Bleibe findet!

I, 403.404.405.406.407

13. Sonntag nach Trinitatis

Wenn das Erbe durch das Gesetz erworben würde, so würde es nicht durch Verheißung gegeben; Gott aber hat es Abraham durch Verheißung frei geschenkt. Galater 3,18

Allein aus den Verheißungen Gottes leben, das heißt Glauben!... Das besagt dieses »sola fide« [allein aus Glauben], daß mit der Verheißung Gottes, an der der Glaube hängt, nur *eine* Bedingung gesetzt ist, eben die, daß keine andere daneben gelten soll!... Was ist uns nur, daß wir in dieser Hinsicht alle eine geheime Neigung haben, die Verheißung erst ernst zu nehmen, wenn unser Tun, unsere Mühe, unsere Askese, wenn das Besondere unserer Gerechtigkeit dazugesetzt ist?...

Predigen heißt: den Menschen ganz bloß und nackt vor die freie, nur in Gott und seinem Willen begründete Verheißung stellen, ihn in die Luft stellen! Dazu ruft uns dieser Text auf. Wenn wir nur aus der Gnade leben, nur davon, daß »es Gott gefallen hat, dem Abraham in der Form der Verheißung gnädig zu sein«, dann liegt es ja faktisch nicht mehr »an jemandes Wollen und Laufen, sondern am Erbarmen Gottes« (Röm 9,16), dann ist das ... die absolute, durch nichts zu ergänzende Wirklichkeit von Gottes Gnadenwahl, und wir können uns demgegenüber nicht anders wissen als solche, die diese Gnade, dieses Erbe, das Leben und die Gerechtigkeit nicht verdient haben!

Was alle Welt mit ihren Ermahnungen, was unsere Sünden und Übertretungen, was unsere Selbsteinkehr und Gottes Strafgericht nicht fertigbringen, das bringt das Evangelium fertig: uns zur Erkenntnis dessen zu bringen, wer Gott ist und wer wir sind. Wer die Gabe des Lebens und der Vergebung nicht so nimmt, als Verheißung, gegeben ohne Zusatz und ohne Bedingungen, besiegelt durch Gottes eigenes Wort und Testament, der wird die echte Demut nie lernen, die Demut, die Gott gefällt.

I, 511.512

14. Sonntag nach Trinitatis

... Jesus, der uns von dem zukünftigen Zorn errettet.
1. Thessalonicher 1,10

Damit ist *zunächst einmal* gesagt, daß niemand von sich selbst aus in diesem kommenden Zorngericht bestehen, niemand sich mit seinen Selbstentschuldigungen herausreißen wird und kann...

Es ist *zweitens* damit gesagt, daß dieses Zorngericht kommt. Es kommt mit derselben Sicherheit und Unvermeidlichkeit für die Welt, wie es bereits ... im Kreuz über Jesus Christus ergangen *ist.* Hier *ist* die Sünde *gerichtet,* hier ist der Zorn Gottes offenbar geworden... Die Offenbarung von Gottes Zorn, als Selbstoffenbarung Gottes in seinem Grimm, gehört mit hinein, konstitutiv mit hinein in das Evangelium von Jesus Christus. Sie gehört mit hinein in die »frohe Botschaft« von Gottes »Gerechtigkeit«. Wen freute es nicht zu hören, daß Gott richten wird! Wer könnte sich zufriedengeben mit der Ungerechtigkeit dieses Äons, wenn er an den wahren und lebendigen Gott glaubt! Wer könnte darauf verzichten, nach dem neuen Himmel und der neuen Erde zu verlangen!

Es ist *drittens* und letztens damit gesagt: daß dieser vom Himmel her kommende Herr als Retter für uns kommen, daß er uns herausreißen wird aus dem Gottesgericht und daß dies seine letzte, seine der Auferstehung analoge Funktion sein wird, wenn der Zorn uns alle wie ein Feuer verbrennen und vernichten wird. Dann wird ganz offenbar werden, daß wir nur in Ihm unser Heil, unser Leben und unsere Rettung haben. Das sola fide und das sola gratia und das solus Christus [das »allein aus Glauben« und das »allein aus Gnade« und das »allein Christus«] wird endgültig offenbar werden. Das besagt die urchristliche Formel ἐν Χριστῷ [*en christo* / in Christus], und das bekannten die Menschen, die an Christus glaubten, wenn sie sagten, daß sie die Gerechtigkeit, Heiligung und das Leben in ihm haben, das heißt nicht in sich! Alles, was wir »in uns« haben möchten und so zu haben meinen, wird im letzten Zorngericht zerschmelzen, dieser »Zorn« wird offenkundig machen, daß Christus unser aller Leben ist.

I, 621

15. Sonntag nach Trinitatis

Ihr wißt, wie ihr uns nachfolgen sollt. Denn wir haben nicht unordentlich bei euch gelebt, haben auch nicht umsonst Brot von jemandem genommen, sondern mit Mühe und Plage haben wir Tag und Nacht gearbeitet, um keinem von euch zur Last zu fallen. . . Wer nicht arbeiten will, der soll auch nicht essen. Denn wir hören, daß einige unter euch unordentlich leben und nichts arbeiten, sondern unnütze Dinge treiben. Solchen aber gebieten wir und ermahnen sie in dem Herrn Jesus Christus, daß sie still ihrer Arbeit nachgehen und ihr eigenes Brot essen.
2. Thessalonicher 3,7.8.10.11.12

Sollte man nicht erst einmal das Gegenteil sagen, nicht den Lobpreis der Arbeit verkündigen, den wir heute in grober wie in feiner und feinster Form in allen Schulen, Proklamationen, wirtschaftlichen Tagungen, Statistiken, Zeitungsartikeln zu hören bekommen, sondern erst einmal daran erinnern, daß der Mensch nicht vom Brote allein lebt? . . . Meinte der Apostel, wenn er formuliert: »Wer nicht arbeitet, soll auch nicht essen« . . . wirklich damit unser Arbeitstempo und unser Arbeitsethos? . . .

Wir kennen auch die andere Seite der Sache, die Kehrseite des modernen Arbeitsprozesses: die erzwungene *Arbeitslosigkeit*. Tausende von Menschen würden uns heute auf unseren Aufruf zur Arbeit entgegnen: Wie gerne würden wir arbeiten, aber wir dürfen nicht. Wir sind arbeitslos! . . .

Es mag sein, daß . . . in unseren Gottesdiensten selten oder nie die Rede auf das Thema der *Arbeit* kommt, aber niemand unter uns wird leugnen können, daß wir alle von Schwankungen, Erschütterungen und sozialen Kämpfen betroffen sind, die auf diese eine große weltweite Not hinweisen, die in der Stellung des Menschen zur Arbeit liegt. Und es könnte uns doch zum mindesten aufhorchen lassen, wenn der Apostel – wie die ganze Bibel auch sonst – an dieser Frage keineswegs vorbeigeht. Er sagt der Gemeinde, sie dürfe vor dieser Frage nicht ausweichen, sie dürfe hier den Kopf nicht in den Sand stecken, im *Namen Jesu* sei sie aufgerufen, hier kein Adiaphoron* gelten zu lassen...

Dabei macht der Apostel zunächst einmal *eins* deutlich: daß es zur *Würde* des Menschen gehört, zu arbeiten und sich so sein Brot zu verdienen. Es ist nicht recht, wenn man anderen mit seinem eigenen Lebensunterhalt zur Last fällt. Darum dürfte es doppelt unrecht sein, wenn Menschen zu einer solchen Lebensweise gegen ihren Willen gezwungen werden...

Alle Arbeit steht unter der Weisung, daß »er habe zu geben den Dürftigen« (Eph 4,28). Die Menschlichkeit des Menschen hört da auf, wo wir das nicht mehr können oder nicht mehr wollen. Der ist wahrhaft arm, der nichts mehr hat, womit er anderen helfen kann. Hier liegt der Sinn und die Freude der *Arbeit.* Hier auch das innere Recht zum Eigentum. Insofern hat der Mensch auf Grund dessen, was wir hier hören, ein *Recht* auf Arbeit, welches der Pflicht zur Arbeit zugrunde liegt...

I, 355.356.357

* Adiaphoron: was das Zentrum des christlichen Glaubens nicht berührt

16. Sonntag nach Trinitatis

Gelobt sei Gott, der Vater unseres Herrn Jesus Christus, der Vater der Barmherzigkeit und Gott allen Trostes, der uns tröstet in aller unserer Trübsal, damit wir auch trösten können, die in allerlei Trübsal sind, mit dem Trost, mit dem wir selber getröstet werden von Gott...

Denn wir wollen euch, liebe Brüder, nicht verschweigen die Bedrängnis, die uns in der Provinz Asia widerfahren ist, wo wir über die Maßen beschwert waren und über unsere Kraft, so daß wir auch am Leben verzagten und es bei uns selbst für beschlossen hielten, wir müßten sterben. Das geschah aber, damit wir unser Vertrauen nicht auf uns selbst setzten, sondern auf Gott, der die Toten auferweckt, der uns aus solcher Todesnot errettet hat und erretten wird. Auf ihn hoffen wir, er werde uns auch hinfort erretten.
2. Korinther 1,3.4.8.9.10

Das Wort παράκλησις, παρακαλεῖν [*paraklesis* / Trost, *parakalein* / trösten] muß etwas zu tun haben ... mit dem Sieg über die Hoffnungslosigkeit, die sich in jeder Art von Anfechtung wie ein dunkler und schrecklicher Abgrund unter uns auftut. Diesen Abgrund zu schließen, den Glaubenden nicht abstürzen zu lassen in das Nichts seiner Verzweiflung, das heißt im Vollsinne des Wortes: παρακαλεῖν [*parakalein*].

Wahrscheinlich hat Paulus eine echte Krise, eine Erschütterung seiner missionarischen Gewißheit hinter sich. Was ... ihn herausgerissen hat, ist dieses *Ja* zu dem Todesurteil, das wir in uns tragen, das einem anderen, kräftigeren, überlegenen *Ja* untergeordnet ist, dem *Ja* zu Gott, der die Toten auferweckt.

In diesem *Trost* bzw. in der hier zu bewältigenden Anfechtung kann es bei aller Buntheit der »Fälle«, in der durch äußere *und* durch innere Anlässe ausgelösten Bedrängnis immer nur um *Eines* gehen, und dieses Eine ist das *Ganze*: ob Gott lebt! Ob die Tatsache, daß er lebt, etwas zu tun hat mit mir, mit diesem meinem Leben in seiner konkreten Anfechtung – oder ob sich diese beiden »Realitäten« gar nicht berühren, die Götter droben im Licht, wir aber hier unten, denen es nicht gegeben ist, an einer Stätte zu ruhen. Dann, wenn das so wäre, hätten die Leute mit ihrer modernen Theorie von den beiden Reichen recht...

Gott lebt, das heißt doch wohl, daß wir die Verfügungsgewalt über Tod und Leben in die Hände eines anderen legen, daß wir ... unseren Lebensmut und Lebenswillen nicht aus uns schöpfen, aus diesem Todesleib, über dem das Todesurteil steht, sondern »von Gott, der die Toten auferweckt«.

Indem so die in der Auferstehung Jesu gewirkte Kraft Gottes hineinreicht bis in das Todesdunkel und die Nacht unserer Anfechtungen, *geschieht* das, was Paulus hier παρακαλεῖσθαι ὑπὸ τοῦ θεοῦ [*parakaleisthai hypo tou theou* / getröstet werden von Gott] nennt. »Sein Geist spricht meinem Geiste manch süßes Trostwort zu.« Jawohl, es gibt ein *Oben* und ein *Unten*, es gibt ein *Dort* und ein *Hier*, aber es gibt auch dies, daß der Geist Gottes von oben her das Dunkel zerreißt, es gibt auch dies, daß das *Oben* das *Unten* regiert. Erst das ist wirklicher Trost. Erst hier wird in der Paraklese Gott Herr meiner umnachteten Gedanken und verwirrten Gefühle.

I, 625

17. Sonntag nach Trinitatis

Zu der Zeit ging Jesus durch ein Kornfeld am Sabbat; und seine Jünger waren hungrig und fingen an, Ähren auszuraufen und zu essen. Als das die Pharisäer sahen, sprachen sie zu ihm: Siehe, deine Jünger tun, was am Sabbat nicht erlaubt ist. Er aber sprach zu ihnen: ... Wenn ihr ... wüßtet, was das heißt: »Ich habe Wohlgefallen an Barmherzigkeit und nicht am Opfer«, dann hättet ihr die Unschuldigen nicht verdammt. Der Menschensohn ist ein Herr über den Sabbat.
Matthäus 12.1.2.3.7.8

Es geht hier um die Frage von Gesetz und Evangelium, es geht um den rechten Gottesdienst, und die junge Christengemeinde steht vor der Frage nach der rechten Freiheit gegenüber den Ordnungen, die sie vorfindet.

Immer wieder wird diese Frage in den Zeiten einer echten Erneuerung der Kirche vom Worte Gottes her aktuell werden. Immer wieder wird die Gefahr bestehen, daß sich hinter der Verteidigung der *Ordnung* ein böses Nein gegenüber der Gegenwart Gottes in seiner viva vox [seiner lebendigen Stimme] verbirgt, daß über dem Verteidigen der Ordnung das eigentliche Gebot Gottes, das »Schwerste im Gesetz« (Mt 23,23), vergessen wird. Immer wieder werden die Christen sich zu rechtfertigen haben, daß sie keine »revolutionäre Bewegung« sind, die es auf den Umsturz der Ordnung abgesehen hat. Das war nicht nur im Urchristentum so... Sie werden diese ihre Haltung nicht rechtfertigen dürfen mit der Berufung auf die Freiheit des Menschen, auf eine von Gott gelöste »Humanität« (Schniewind), sondern allein durch den neuen Gehorsam und die Berufung auf die neue Gerechtigkeit...

Der rechte Gottesdienst erfüllt sich in der misericordia [Barmherzigkeit], wie sie in der Erscheinung Gottes in Jesus Christus offenbar geworden ist. Ihr gilt es Raum zu schaffen... Denn Gott ist selbst Barmherzigkeit, darum wird sein Wille erfüllt, wo Barmherzigkeit geschieht...

Jesus kommt nicht, um das Gesetz aufzulösen, sondern um es zu erfüllen (Mt 5,17). Dienst unter diesem Herrn bedeutet also darum Freiheit vom Gesetz zur Erfüllung des Gesetzes, aber nun zu einer solchen Erfüllung, die dem Geist des Gesetzes, seinem von Gott gewollten Sinn entspricht. . . In der rechten libertas Christiana [christlichen Freiheit] geht es nicht um die Wandlung der Formen, sondern um die des Menschen und nur von da her auch dann um die Freiheit von »Menschensatzungen«. . . Die Jünger Jesu . . . proklamieren die wahre Freiheit als die Gebundenen des Herrn.

I, 41.42.44.43

18. Sonntag nach Trinitatis

Da sprach der Herr zu Kain: Wo ist dein Bruder Abel? Er sprach: Ich weiß nicht; soll ich meines Bruders Hüter sein? Er aber sprach: Was hast du getan? Die Stimme des Blutes deines Bruders schreit zu mir von der Erde.
1. Mose 4,9.10

Der Mörder ist darum so furchterregend und seine Tat ist so furchtbar, weil hier der Mensch den Tod eigenmächtig handhabt. Kain ist der erste Mensch, von dem uns das berichtet wird. Er weiß nicht, daß er damit sich selbst, seine eigene Existenz auf Erden, wurzellos macht und gefährdet. Der von ihm selbst als menschliche *Tat* in Szene gesetzte Mord bedroht ihn weiterhin auf Schritt und Tritt. Die Erde, Gottes Erde, hat Menschenblut getrunken, darum ist Unfriede gesetzt zwischen Kain und der Stätte, die ihn eigentlich behüten könnte. In Wahrheit hat er seine Hut verloren, als er es von sich wies, seines Bruders Hüter zu sein. In dem Moment, da der Mensch bei seinem Bruder nicht mehr behütet, sondern bedroht ist, verliert er das Heimatrecht auf Erden. Nicht Gott hat ihn, sondern er selbst hat sich mit dem vergossenen Blut des Bruders um den irdischen Frieden gebracht.

Es ist kaum noch nötig zu sagen, daß hier jene Sehnsucht und Frage aufbricht nach *dem* Menschen, bei welchem wir behütet sind, durch den und in dem wir als Menschen auch in unserem gesellschaftlichen und politischen Miteinandersein behütet sind, also nicht nur im Verhältnis zu uns selbst, sondern in dem zum Bruder! Das Alte Testament weiß um diese Hoffnung. Und das Neue Testament verkündet, daß sie in Jesus von Nazareth erfüllt und die Gemeinde Träger dieser Erfüllung ist. . .

Es ist die hohe Zeit, daß wir begreifen, daß der Mensch nicht der Hüter des Menschen sein kann – es sei denn der eine Mensch, der sich selbst als der gute Hirte bezeichnet, weil er sein Leben gelassen hat für seine Schafe.

I, 413.414

19. Sonntag nach Trinitatis

Er sagte ihnen aber ein Gleichnis darüber, daß sie allezeit beten und nicht nachlassen sollten, und sprach: Es war ein Richter in einer Stadt, der fürchtete sich nicht vor Gott und scheute sich vor keinem Menschen. Es war aber eine Witwe in derselben Stadt, die kam zu ihm und sprach: Schaffe mir Recht gegen meinen Widersacher! Und er wollte lange nicht. Danach aber dachte er bei sich selbst: Wenn ich mich schon vor Gott nicht fürchte noch vor keinem Menschen scheue, will ich doch dieser Witwe, weil sie mir soviel Mühe macht, Recht schaffen, damit sie nicht zuletzt komme und mir ins Gesicht schlage. Da sprach der Herr: Hört, was der ungerechte Richter sagt! Sollte Gott nicht auch Recht schaffen seinen Auserwählten, die zu ihm Tag und Nacht rufen, und sollte er's bei ihnen lange hinziehen? Ich sage euch: Er wird ihnen Recht schaffen in Kürze.
Lukas 18,1–8

Warum wird der Richter als ein so harter Mann beschrieben, der »Gott nicht fürchtete und kehrte sich an keinen Menschen«? Zunächst wohl darum, weil es in unserem Gleichnis auf die Konstrastwirkung ankommt . . . Aber es könnte dahinter mehr stecken. So gleichgültig scheint auch das »eherne Schicksal« mit den Glaubenden und dafür Leidenden zu verfahren. In diesem harten Gesicht des Gewaltigen erscheint etwas von dem, was wir alle empfinden, wenn wir beten wollen. Darum beten wir so lässig, oder wenn, dann so oft ohne diese Hartnäckigkeit, die etwas durchsetzen will. Die Impertinenz, die die Witwe aufbringt, wo es um ihr Recht geht, ist nicht mehr da zu spüren, wo es um den Sieg des Rechtes Gottes geht. . .

Indem der Vergleich zerbricht . . ., wird nun der »Unrechtsrichter« »Gott« gegenübergestellt. Gerade durch diesen *Kontrast* werden die Jünger tief beschämt. Haben sie etwa gemeint, er habe sich »mit einer Wolke bedeckt, daß kein Gebet hindurch kann« (Klagelieder 3,44)? Haben sie ihn verwechselt mit der »allmächtigen Zeit und dem ewigen Schicksal«?

Hier bricht erst die ganze Tiefe unserer Not, unseres harten *Unglaubens* auf, indem dieser »Unrechtsrichter« mit dem Vater im Himmel so nahe konfrontiert wird, daß wir beschämt dastehen. Ja, das war wahrhaft der Grund unseres Müde-Werdens. Der dies Gleichnis seiner Kirche mit auf den Weg gab, kannte ihre tiefste Anfechtung. Sie wird Gott vertauschen mit diesem herz- und gefühllosen Begriff, *darum* wird sie aufhören, »Tag und Nacht« zu ihm zu rufen, sie wird ermüden, weil sie Gott nicht mehr spürt.

Im Augenblick, da der Vergleich zerbricht, tritt *Gott* auf den Plan. Und mit ihm »seine« Erwählten. Wie ein Glanz von oben liegt es auf einmal über dieser in Angst und Bedrängnis ratlosen Schar. Sie *sind* seine *Erwählten*. Gott kann nicht hervortreten, ohne daß seine Erwählten zu ihm stehen. Es ist seine gnadenvolle *Wahl*, der sein Erhören gilt. Es ist seine Treue, die sich an ihnen erfüllt. . . Es ist also nicht unsere, sondern ganz und gar *seine* Sache, um die es geht, auch und gerade da, wo es um uns geht. Darum – ob er schon lange verzieht –, die Rettung ist doch nahe! Denn Gott ist nahe! Die Zeit schrumpft zusammen, und was in unseren Augen sich unabsehbar hinzuziehen scheint, ist doch von ihm her gesehen nur wie ein Tag und wie eine Nachtwache. . .

Im Gebet um das *Kommen* des *Reiches Gottes* . . . erweisen sich die Christen als diejenigen, welche in Ohnmacht und Bedrängnis dennoch den in Jesus Christus errungenen Sieg im Glauben festhalten, ihn nicht aus den Händen geben. Sie trennt nur noch die *Zeit* von ihrem Retter. Nichts sonst! Darum bitten sie, daß die Tage der Anfechtung »abgekürzt« würden. Sie beten, um nicht der Zeit – ihrer Zeit und der Zeit schlechthin – anheimzufallen.

I, 318.319.317

20. Sonntag nach Trinitatis

Sie blieben aber beständig in der Lehre der Apostel und in der Gemeinschaft und im Brotbrechen und im Gebet. . . Alle aber, die gläubig geworden waren, waren beieinander und hatten alle Dinge gemeinsam. Sie verkauften Güter und Habe und teilten sie aus unter alle, je nach dem es einer nötig hatte.
Apostelgeschichte 2,42.44.45

Unser Bericht von der Jerusalemischen Gemeinde widerlegt aufs einfältigste und kräftigste die in unsere Theologie und Kirchen eingedrungene Irrlehre, als ob sich mit der Verkündigung des Evangeliums nur etwas an den *Personen* änderte, nicht aber auch an den *Dingen*, den harten und verhärtenden Dingen, die das *Verhältnis* der Personen *zueinander* bestimmen. . .

Was wir . . . demgegenüber zu bezeugen haben, ist dies: daß der Gemeinde mit unserer Geschichte ihre eigene *Möglichkeit* (von Gottes Geist her) vor Augen gestellt wird. Daß hier die Verheißung der Freudenzeit so nahe ist, daß es unbegreiflich bleibt, warum wir den Schritt über diese Schwelle *nicht* tun. Wir leben in Illusionen, wenn wir meinen, so etwas sei nicht »möglich«. Es ist ebensosehr und ebensowenig möglich, wie daß Gott Mensch wird, wie *Jesus Christus* selbst »möglich ist«. Wer zu Jesus Christus *ja* sagt, kann zu dieser Gemeinde nicht *nein* sagen! . . .

Der *ganze* Mensch, der Mensch mit allem, was er ist und was er hat, ist in die Gemeinde hineingenommen, in die neue, froh machende, die Gegenwart Gottes bei den Menschen bezeugende »koinonia« = Gemeinschaft. Auf einmal können Menschen, wie sie zuvor nicht konnten . . ., sie können sich angesichts des gnadenreichen Gerichtes Gottes trennen von ihrem *Besitz*, nicht um arm, sondern um *reich* zu werden, denn in der Gemeinde wird ihnen der *Bruder* zuteil, der *Nächste*, den der »Reiche Mann« entbehren muß. Der »Reiche«, der »Satte«, der »Gerechte« ist der Mensch ohne den Mitmenschen. Er lebt hier schon als ein Gerichteter. Die Gemeinde Gottes aber ist für ihn der Schritt ins *Leben*, darum kann nur *Gott* (und keine menschliche Propaganda) »Gerettete« zu ihr »hinzutun«...

Menschen dieser Welt, verlorene, sündige Menschen sind zur *Umkehr* gerufen, und indem sie *umkehren*, kehrt sich auch ihr Verhältnis zu den *Dingen* um. Die Veränderung greift mitten hinein in die *Realität* der menschlichen Gesellschaft, auch in die ökonomische Realität unserer Welt. Wieviel Schuld hängt gerade im Verhältnis von Mensch zu Mensch am *Besitz* ...! Darf sich hier keine Umkehr, kein Wandel vollziehen? Soll sich die Nähe des Himmelreichs nur »innerlich« kundtun?

Wem die Sünden vergeben sind, der kann auch sein Bett nehmen – diese Lagerstatt des glaubenslosen Fatalismus: »Es kann nicht anders werden in den gottlosen Verhältnissen dieser Welt« – und aufstehen, auferstehen und wandeln!

I, 367.366.368

21. Sonntag nach Trinitatis

Ich danke meinem Gott, sooft ich euer gedenke – was ich allezeit tue in allen meinen Gebeten für euch alle, und ich tue das Gebet mit Freuden –, für eure Gemeinschaft am Evangelium vom ersten Tage an bis heute; und ich bin darin guter Zuversicht, daß der in euch angefangen hat das gute Werk, der wird's auch vollenden bis an den Tag Christi Jesu.
Philipper 1,3–6

Dank gegen Gott ist tragender Grund alles dessen, was Paulus über die Gemeinde denkt und ihr zurufen kann. Darum die Häufung des Wortes »alle«. Allerwege, in allen seinen Gebeten, für alle ist Paulus von Dankbarkeit erfüllt. Gerade indem er sein ganzes Leben und Wirken an der Gemeinde noch einmal überschlägt, ist dies sein letztes Wort. Freude erfüllt ihn mitten im Leid. . . »Die Sonne, die mir lachet, ist mein Herr Jesus Christ« – das ist der wunderbare Quell dieser, gerade in der Trübsal so reinen und hellen, überirdischen Freude. Freude und Dank reichen einander die Hand, der Apostel weiß, ich habe nicht umsonst gearbeitet (2,16), er weiß dies gerade jetzt, wo er menschlich gesehen den Abschluß seines Lebens vor sich sieht.

Erst wenn wir den dunklen Hintergrund seiner Lage, den er wohl empfindet, das Getrenntsein, die Einsamkeit, die Todesgefahr, das Wirken seiner Gegner dabei im Auge behalten, bekommen wir ein Auge für den Sieg des Glaubens, der sich in dieser Herrschaft der Freude im Herzen des Apostels bezeugt.

Gottes Sache steht, und sie steht gut: »auf Grund der Gemeinschaft am Evangelium«. Koinonia, Teilnahme bedeutet hier Sachbezogenheit: Gemeinschaft ist gegründet in der Bezogenheit auf diese, allen gemeinsame, sie verbindende Sache. . . Wo nämlich dies nicht im Mittelpunkt steht, wo die Gemeinschaft von anderen Gesichtspunkten zusammengehalten und beherrscht wird, da wird sie auch nicht so im Leid und in der Not durchhalten, wie das der Apostel wünscht und hier erlebt. Gerade daß er das sagen darf, daß diese Gemeinde mit ihm verbunden ist durch das Evangelium, daß sie gelernt haben, aus der »Gnade« zu leben (1,7), ist Grund der Freude, der Freude, die die Hohlräume seiner Not in seinen Gebeten durchströmt. Eins ist gewonnen, daß in dieser Gemeinde das Evangelium im Zentrum steht, und darum ist alles gewonnen. . .

Der Dank von V. 3 und das »Vertrauen« von V. 6 schließen sich ineinander, dieser Vers ist zugleich »der authentische Kommentar zu dem Wort Freude« (V. 4), denn der Apostel vertraut nicht auf die »philippensische Christlichkeit«, er weiß, daß alles Menschliche voll Schwachheit und Anfechtung ist, er vertraut dem, der »das Werk seiner Hände nicht im Stich läßt«. *Gottes* Treue ist das Problem, und die eben ist kein Problem.

II, 159.160.161 (aus der Meditation zum 22. Sonntag nach Trinitatis)

22. Sonntag nach Trinitatis

Wir sind ja nicht wie die vielen, die mit dem Wort Gottes Geschäfte machen.
2. Korinther 2,17

Paulus wirft den »anderen« nicht vor, daß sie nicht Gottes Wort brächten . . ., sie bringen auch Gottes Wort, reden dasselbe Wort, aber sie gehen anders mit ihm um, sie gehen mit ihm um nach ihren Zwecken, Meinungen und Berechnungen, sie sind mehr als nur *Boten*, sie begnügen sich eben nicht damit, »Stimme eines Rufenden« zu sein, sie haben denselben Pfeil auf der Sehne, aber sie zielen selbst, sie wollen treffen, was ihr Ziel ist, über ihnen ist nicht die Hand eines Stärkeren, der den Bogen spannt und den Pfeil richtet – sondern sie hantieren mit Gottes Wort, als wäre das nun auch einer der vielen Werte, vielleicht der höchste und wichtigste, aber eben doch ein Wert im Haushalt ihres reichen, vielfältig gegliederten Lebens. Sie werden und wollen es einsetzen, so wie sie es für opportun halten. Jedenfalls ist es ihnen immer nur im Zusammenhange mit einem Ganzen, mit einem vielleicht sittlichen, aber warum nicht auch wirtschaftlichen, nationalen, kulturellen Lebenszusammenhang sinnvoll.

Auch ihren Hörern ist es nur so sinnvoll. Nur so hören sie! Sie hören es aus einem bestimmten, ihnen genehmen *Wozu*. Und darum hören sie es im Grunde *nicht*. Alle berechnen, die Hörer und der Redende. Alle unterliegen *einem* Geschäft. . .

Das Geschäftemachen mit Gottes Wort ist ein Vorgang, der sehr tief greift, bei dem es im letzten Grunde um die *Freiheit* des Wortes Gottes, d.h. um seine eigentliche Souveränität und Autorität geht.

I, 186.187

23. Sonntag nach Trinitatis

Folgt mir, liebe Brüder, und seht auf die, die so leben, wie ihr uns zum Vorbild habt. . . Unser Bürgerrecht aber ist im Himmel; woher wir auch erwarten den Heiland, den Herrn Jesus Christus, der unsern nichtigen Leib verwandeln wird, daß er gleich werde seinem verherrlichten Leibe nach der Kraft, mit der er sich alle Dinge untertan machen kann.
Philipper 3,17.20.21

Weil alle *Werke* für den alten Adam »erbaulich« wirken, weil er immer wieder nach dem »positiven Christentum« Ausschau hält wie ein Ertrinkender nach der rettenden Insel, wo er Boden unter seinen Füßen hat, weil das *Kreuz* ihm bitter ist wie der *Tod* und der Glaube an die »Heimat in den Himmeln« und die von da zu erwartende »Totenauferweckung« (3,10) unseren »fleischlichen Sinnen widerstreitet« (Calvin), darum sind wir immer in Gefahr, das *Positive* da zu suchen, wo es eben nicht zu finden ist, und da, wo das eminent Positive auf uns wartet – in der künftigen *Verwandlung* des Niedrigkeitsleibes in den Auferstehungsleib –, nichts anderes zu sehen als eine leere Hoffnung.

Denn der natürliche Mensch . . . kann nun einmal in der dünnen Luft der theologia crucis [Kreuzestheologie] nicht leben, er muß hier sterben, wo nichts zu greifen, nichts zu sehen, nichts zu schmecken ist als allein die iustitia Dei extra nos [die außer uns begründete Gerechtigkeit Gottes]! Aber am Kreuz vorbei gibt es keine Auferstehungshoffnung. Wer sich scheut, durch diese enge Pforte zu gehen, wer nicht alles für Kot erachtet, um allein Christus zu gewinnen – der kann ja unmöglich in der *Hoffnung* leben. Wer nicht wagt, der irdischen Welt ganz und gar den Rücken zu wenden (als der Todeswelt, die hinter uns liegen sollte), dem wird sich auch der Blick nach dem »Staatsverband in den Himmeln« (W. Bauer), wo unser Wanderziel liegt, nie auftun.

I, 273

24. Sonntag nach Trinitatis

Wir danken Gott, dem Vater unseres Herrn Jesus Christus, allezeit, wenn wir für euch beten, da wir gehört haben von eurem Glauben an Christus Jesus und von der Liebe, die ihr zu allen Heiligen habt, um der Hoffnung willen, die für euch bereit ist im Himmel. Von ihr habt ihr schon zuvor gehört durch das Wort der Wahrheit, das Evangelium, das zu euch gekommen ist, wie es auch in aller Welt Frucht bringt und auch bei euch wächst von dem Tag an, da ihr's gehört und die Gnade Gottes erkannt habt in der Wahrheit. . . Darum lassen wir auch von dem Tag an, an dem wir's gehört haben, nicht ab, für euch zu beten und zu bitten, daß ihr erfüllt werdet mit der Erkenntnis seines Willens in aller geistlichen Weisheit und Einsicht, daß ihr des Herrn würdig lebt.
Kolosser 1,3.4.5.6.9.10

Paulus kennt die Gemeinde von Kolossae nicht persönlich, er weiß durch Epaphras von ihrem Ergehen. Er weiß von den ihr drohenden Gefahren und Verführungen. Aber gerade von diesem Wissen geht er nicht aus, sondern von der Tatsache, daß die Leute, an die er schreibt, »unter das Wort der Wahrheit« geraten sind. Ihr Wachsen und Fruchtbringen ist in Wahrheit das Wirken des Evangeliums. . .

Paulus spricht vom Evangelium wie von einer souveränen Macht; wo es gegenwärtig ist, da ist Gott selbst gegenwärtig. Was aus einer Gemeinde wird, ist das Wirken eben dieses Evangeliums. Nicht umgekehrt. Nicht ist etwa dieses auf die Einsatzbereitschaft der Gemeinde angewiesen! Denn die Kirche lebt vom Wort, nicht umgekehrt.

So zwingt Paulus seine Leser, erst einmal von sich abzusehen, sich zu verstehen als »Gemeinde unter dem Wort«. Was aber heißt das? Es gehört zum Wesen apostolischer Erziehung, daß er nicht postuliert, was der Gemeinde mangelt, sondern daß er betet, daß er sich nicht an das menschliche, sondern an das göttliche Vermögen wendet. . . Indem er die Gemeinde teilnehmen läßt an seinem Gebet, redet er mit ihnen und zu ihnen; vor Gott und in Gott will er sich mit ihnen verstehen.

Fürbittend, im Gefängnis, gebunden und von ihnen getrennt, mahnt er sie an das Wesentliche. Er erfleht für sie Erkenntnis und Tat, Weisheit und rechten Wandel. Allem voran steht aber dies eine: »Erkenntnis Seines Willens«.

Erkenntnis ist hier absolut zu verstehen, es ist das Sehend- Werden der aus der Finsternis ins Licht hinübergeretteten Heiligen. . . Es handelt sich . . . hier nicht um das »Deus vult« [Gott will es], dem sich der Mensch beugt, wenn er unter die schweren Schicksalsfügungen gerät, sondern darum, daß hier, in Christus, der »Wille Gottes geschieht, im Himmel wie auf Erden«. . .

Wille heißt . . . soviel wie Wohlgefallen, Huld, Lust. »Ein Wohlgefall'n Gott an uns hat!« Hier, in Christus, begegne ich dem Willen Gottes, der »mich will«. Hier wird offenbar, *daß* Gott mich will. Der Wille Gottes . . . ist . . . das mir hier und jetzt, in Christus begegnende, mir entgegenleuchtende Wohlgefallen Gottes, seine alle Welt umfangende Gnade. Wen die Erkenntnis dieses Willens »erfüllt«, der müßte ganz und gar durchflossen sein von dieser Gewißheit. . . Erkenntnis dieses Willens heißt demnach, daß wir hier Gott fassen sollen, nach dem, was er über uns denkt und mit uns vorhat, daß wir also nicht versuchen sollen, seinen Willen da zu interpretieren, wo er uns nicht offenbar ist, aus den Schicksalen und verborgenen Wegen seiner Weisheit. . .

Dies Verstehen der Heilsgedanken Gottes über aller Welt ist die rechte Voraussetzung des Wandels in dieser Welt. . .

II, 167.168.169.170

25. Sonntag nach Trinitatis

Wahrlich, ich sage euch: Was ihr getan habt einem von diesen meinen geringsten Brüdern, das habt ihr mir getan.
Matthäus 25,40

Es handelt sich nicht darum, daß *wir* Christus mit den Armen, Elenden und Verfolgten identifizieren, sondern *er* selbst tut es, hat es getan und wird es tun! . . .

Es müßte also wohl so sein, daß, wenn ich einmal am Gekreuzigten vorübergekommen bin und ich dies »Haupt voll Blut und Wunden« gesehen habe, ich es überall wiederfinden werde. . . Nur weil er, der Knecht Gottes von Jesaja 53, für uns gelitten hat, weil er diese Existenz eines heimatlosen, armen und elenden Bruders zu der *seinen* gemacht hat und weil wir nur auf diesem Wege gerettet und selig werden konnten, darum werden wir ihn nicht lieben, wenn wir die Armen nicht lieben, und wir werden die Armen nicht lieben können, ohne eben damit (ohne es fassen zu können) ihm zu begegnen. . .

Jede Gemeinde, jede Kirche und vor allem unser sich so schmückendes und brüstendes christliches Abendland sollte sich durch diesen Text einmal ins *Licht* des künftigen Gerichts stellen, dann würde sich zeigen, was Stroh und Stoppeln sind . . . und was als Silber und Gold im Weltenfeuer des über uns kommenden Endgerichts bestehen wird. Die Flüchtlinge, die verbrannten Städte, die geschändeten Menschen in Lagern und Zwangsarbeit – sie sind die Bewährung, die Jesus meint, wenn er kommen wird »in seiner Herrlichkeit«. *Sein* Gesicht könnten wir dort erkennen! . . .

Man könnte, in Abwandlung eines berühmten Wortes, im Hinblick auf die sinnlose Zertrennung der Menschheit, die wir zur Zeit erleben, fragen: Soll der Knoten der Geschichte so aufgehen, daß das Evangelium an die Armen fortan ohne Jesus Christus oder gar gegen ihn und das Evangelium von Jesus Christus nicht mehr als das Evangelium an die Armen verstanden wird? Daß *Jesus* und die *Armen* auseinandergerissen werden, sie ohne ihn und er ohne sie? Begreifen wir denn nicht, daß die soziale Frage einen Unterton hat, den kein Mensch, der vom Kreuz herkommt, überhören kann, und daß sie heute eine Dringlichkeit annimmt, die die Entscheidung jedem einzelnen vor die Türe legt?

Es ist das Besondere an unserem Text, daß er die Menschen vor dem Richterstuhl Jesu Christi nackt zeigt, herausgenommen aus den Gehäusen ihrer Weltanschauungen und religiösen bzw. antireligiösen Meinungen, jenseits aller Maßstäbe, nach denen sie sich untereinander rechtfertigen und verdammen, ohne das schützende Gitter gesellschaftlicher Vorurteile, nackt, gesehen vom Bruder her, gerichtet allein nach ihren eigenen Taten!

I, 246.247 (aus der Meditation zum 26. Sonntag nach Trinitatis)

Vorletzter Sonntag nach Trinitatis (Volkstrauertag)

Als sie nun zuhörten, sagte er ein weiteres Gleichnis; denn er war nahe bei Jerusalem, und sie meinten, das Reich Gottes werde sogleich offenbar werden. Und er sprach: Ein Fürst zog in ein fernes Land, um ein Königtum zu erlangen und dann zurückzukommen. Der ließ zehn seiner Knechte rufen und gab ihnen zehn Pfund und sprach zu ihnen: Handelt damit, bis ich wiederkomme! ... Und es begab sich, als er wiederkam, nachdem er das Königtum erlangt hatte, da ließ er die Knechte rufen, denen er das Geld gegeben hatte, um zu erfahren, was ein jeder erhandelt hätte... Und der dritte kam und sprach: Herr, siehe, hier ist dein Pfund, das ich in einem Tuch verwahrt habe; denn ich fürchtete mich vor dir, weil du ein harter Mann bist; du nimmst, was du nicht angelegt hast, und erntest, was du nicht gesät hast. Er sprach zu ihm: Mit deinen eigenen Worten richte ich dich, du böser Knecht.
Lukas 19,11.12.13.15.20.21.22

Ich schließe mich an die altkirchliche Auslegung an ..., daß es sich bei dieser Hinterlassenschaft um die Predigt handelt ..., daß es bei dem Fruchtbringen um das Wort geht, das der Herr in den Händen seiner Knechte zurückläßt. Nicht das Wort, das er selbst ist, sondern das und soviel er dem einzelnen der Jünger anvertraut. Das Wirken mit dieser Gabe kann nur geschehen im Blick auf den Wiederkommenden. Nur dann ist das Wort fruchtbar.

Wo dieser Glaube und diese Hoffnung nicht mehr besteht, wo man das nicht will ..., wo man dieses Pfund lediglich für diese Welt bergen und sicherstellen möchte, wo man aus der Gabe Christi ein Kulturchristentum macht, ein allein für hier gültiges Geschenk – weil man nicht weiß und nicht glaubt, daß es eine Relation auf die kommende Welt Gottes bedeutet –, wo man es also an diesen Äon verrät, wo man das »Christentum« als ein abendländisches, ein humanistisches, ein römisches oder ein wittenbergisches, ein bürgerliches oder sozialistisches

Erbe ansieht – es gibt so viele Schweißtücher, in die man es bergen kann –, kurz, wo immer man die Gabe von dem Herrn der Gabe trennt, als ob er nie wiederkäme, als ob wir damit machen könnten, was wir für das Beste halten – und das Konservieren dieser Gabe ist ja oft als Treue mißverstanden worden –, da läuft vom Gerichtswort des Wiederkommenden her eine unübersteigbare Scheidelinie zwischen den Knechten, die »negotiantes« [Handelnde] (Vulgata) sind, und dem δοῦλος πονηρός [*doulos poneros* / dem bösen Knecht]. Denn das Schaffen der Knechte geschieht aus Glauben. Sie sehnen mit ihrem Tun den Herrn herbei. Ihr Fleiß ist der Ausdruck ihrer Erwartung und ihrer Sehnsucht. Wo das fehlt, da ist die Botschaft von Jesus Christus und der Glaube an ihn tönendes Erz und eine klingende Schelle...

Jesus – ein gestrenger Herr, der nimmt, wo er nichts eingelegt hat, der erntet, wo er nicht gesät hat? Ist das wirklich so? Gilt das denn Jesus gegenüber, der sein Leben einlegte, damit wir das Leben hätten? Dem Jesus gegenüber, der das Samenkorn aussäte, damit wir die Frucht seines Todes seien? Wie kann es nur eine solche wirre, törichte, sinnlose Rede unter seinen Knechten geben? Wenn wir von ihm, dem sterbenden und für uns dahingegebenen Herrn auf den wiederkommenden blicken, wenn wir unser Auge so von ihm her auf ihn hin ausrichten lassen – dann werden wir wissen, dieser Knecht ist wirklich nur der böse, häßliche Schatten, der vergeht, wenn das Licht vom Advent auf uns fällt.

I, 588.589

Letzter Sonntag nach Trinitatis (Totensonntag)

Solange wir in dieser Hütte sind, seufzen wir und sind beschwert, weil wir lieber nicht entkleidet, sondern überkleidet werden wollen, damit das Sterbliche verschlungen werde von dem Leben. Der uns aber dazu bereitet hat, das ist Gott, der uns als Unterpfand den Geist gegeben hat.
2. Korinther 5,4.5

Wir möchten Tod und Leben als *Übergang* verstehen, als ein wirkliches, reales Verschlungenwerden des ersten vom letzteren. Wir möchten nicht der Nacktheit, dem Nichts preisgegeben sein. . . Wir möchten . . . unmittelbar sein zum Ewigen. Wir möchten . . . das Transzendente immanent haben. Wir möchten . . . das Leben *er-leben*! Wir möchten, daß der Tod eines Tages hinweggenommen würde wie eine Wand, die die Last des Irdischen von der Fülle des Ewigen trennt. Wir verstehen die Philosophie des zu guten Göttern gehenden Sokrates besser und leichter als den Schrei des Gekreuzigten aus der Qual der Gottverlassenheit. Wir möchten den Menschen sehen, der nicht bebte vor dem Nackt-erfunden-Werden.

Aber gerade *diesen* Weg verlegt uns Paulus. Gerade so will er die Christen in Korinth *nicht* trösten. Er will, daß wir diesen *Seufzer* mitten in unserer Auferstehungsgewißheit *nicht* unterdrücken; er will, daß wir die Augen *nicht* schließen vor dem offenen Abgrund, der sich im Verlangen nach der künftigen Herrlichkeit vor uns auftut. . . Denn der, »der uns dazu bereitet hat«, der also den Menschen so *zwischen den Zeiten* gemeint hat, ist *Gott.* Was soll uns sonst das Zeugnis, die – von unserem Wollen und Können ganz und gar unabhängige – *Präsenz* des Geistes, wenn es anders wäre? Wie soll uns dann dieser Geist wirklich als das *in actu* [tatkräftig] Rettende, als das uns Abba-schreien-Helfende begegnen, wie soll Er uns recht beten lehren mitten in unserem Seufzen und in unserem

Nicht-ein-noch-aus-Wissen, wenn wir nun eben doch in uns die Möglichkeit fänden, aus dem Seufzen in das Getrost-Sein überzugehen?

Wenn wir diesen Nebensatz des Paulus (V. 5b) recht verstehen, dann ist damit der Hinweis gegeben auf das Gebet. Das ist die einzige, nur im Akt des Bittens und Erhörtwerdens auffindbare und zu beschreitende Brücke zwischen Hier und Dort. Sie ist geschlagen über dem *Abgrund* der Ratlosigkeit und des Seufzens; sie kann nur betreten werden, wenn sie wirklich über dem *Abgrund*, über dem *Nichts* schwebt; sie kann nur gefunden werden, wenn sie in solchem tiefen und letzten Seufzen gesucht wird. Das ist die Brücke, die den Menschen nur solange trägt, als er sich auf ihr *bewegt*, die Brücke, die über den Abgrund des Nacktseins und des Todes hinweg geschlagen ist und die doch keine Spur für andere hinterläßt, die jeder selbst – als seinen Trost und sein ihm von Gott zugeworfenes Seil – ergreifen muß, wenn er sich über diese Tiefe schwingen will.

I, 147.148

Reformationstag

Da sprach nun Jesus zu den Juden, die an ihn glaubten: Wenn ihr bleiben werdet an meinem Wort, so seid ihr wahrhaftig meine Jünger.
Johannes 8,31

Wer in seinem Worte »bleibt«, das heißt also, wer in ihm seine »Bleibe« findet, der ist in »Wahrheit« sein Jünger... Jesu Jünger ... sind ... [dadurch] bestimmt, daß sie in sich selbst, in allem, was außer dem »Wort des Herrn« Zuflucht, Rettung und Hilfe verspricht, keine Bleibe suchen. Das Wort ihres Herrn ist ihre einzige Bleibe. Der Mittelpunkt ihres Lebens ist herausverlegt aus dem um sich selbst kreisenden Menschen-Ich, auch aus dem sogenannten »frommen« Ich mit seinen gelungenen wie verfehlten Werken, er liegt »extra nos« [außerhalb von uns], wie die Reformatoren sagen. Sie haben die Hinfälligkeit und Wankelmütigkeit des Menschen, auch des vermeintlich guten, des durch Glauben und Bekenntnis ausgewiesenen Menschen durchschaut (Petrus im Hofe des Kaiphas!).

Nichts, was im Menschen selbst begründet zu sein scheint, hält, wenn die Anfechtung kommt. Auf diesen Sand ist nicht zu bauen, er fließt und gibt nach. Darum »bleiben« Jesu wahre Jünger in seinem Wort... In diesem Wort ihres Herrn ist der Anker ihres Lebens festgemacht, so daß die Strömungen der Zeit, für die sie ganz gewiß nicht unempfindlich sind, sie nicht mehr »ins Ungewisse hinab« treiben können.

I, 580.581.582

Buß- und Bettag

Weißt du nicht, daß dich Gottes Güte zur Buße leitet? . . . Er wird einem jeden geben nach seinen Werken: ewiges Leben denen, die in aller Geduld mit guten Werken trachten nach Herrlichkeit, Ehre und unvergänglichem Leben; Ungnade und Zorn aber denen, die streitsüchtig sind und der Wahrheit nicht gehorchen, gehorchen aber der Ungerechtigkeit.
Römer 2, 4.6.7.8

Das *Leben* ist oberstes Gesetz seines Gebotes. Und darum leitet uns seine »Güte« und »Geduld«, wie sie uns aus dem Evangelium von Jesus Christus entgegenleuchtet, dazu an, auch solche »Liebhaber des Lebens« zu werden. Nicht zu *richten*, sondern zu *retten* sind wir da.

Liest man von da auch die Verse 7 und 8, so wird es ganz deutlich, daß das »gute Werk« etwas zu tun hat mit dem »Leben«, die Ausdauer und Geduld am guten Werk ist nichts anderes als ein Sich-Strecken nach einer Herrlichkeit, die nicht vergeht, nach einer Ehre, die vor Gott besteht. Es *lohnt* sich, hieran sein irdisches Dasein, seine Zeit und seine Kraft zu setzen. Umgekehrt ist da, wo der »Kampf aller gegen alle« entfesselt wird, wo die Wahrheit keine Gefolgschaft mehr findet, dafür aber die Ungerechtigkeit gehorsame Sklaven, die Vernichtung zu erwarten. Der Zorn Gottes wird dieses Treiben, das aufgehoben zu werden verdient, auch wirklich aufheben und wie Dampf vergehen lassen. Es gibt also eine letzte, wenn auch für uns im Irdischen so nie faßbar und greifbar zu machende Koinzidenz zwischen dem *Tun des Guten* und dem darauf folgenden *Segen* und dem *Tun des Bösen* und dem daran sich heftenden *Fluch*. Das *Werk* hat seinen *Lohn*! Und zwar so, daß auf dieser Waage *alle* Menschen gewogen werden. . .

Sollte die Buße, zu der wir aufgerufen sind, demnach nicht darin bestehen, daß wir *glauben* lernen – es gerade von der Güte und Geduld Gottes in Jesus Christus her glauben lernen –, daß es *Sinn* hat, das Gute zu tun, *letzten* Sinn, wenn anders das Leben Jesu unter uns darin Vorbild und Verheißung zugleich ist (mag uns auch der vorletzte, der vorläufige Sinn dieses Tuns oftmals verborgen sein), und daß es nicht ohne *Folgen* für unsere menschliche Psyche bleiben wird, wenn wir Hand und Herz dazu hergeben, das Böse mitzuverwirklichen? Wir sind keine Maschinenmenschen! Der Sinn des menschlichen Lebens vor Gott ist an das *Tun* des Guten gebunden – wer uns diesen Sinn nehmen will, der nimmt uns das Leben.

I, 282.283